中小学教师专业发展标准及指导

信 息 技 术

中小学教师专业发展标准及指导课题组 编 著

北京师范大学出版集团
BEIJING NORMAL UNIVERSITY PUBLISHING GROUP
北 京 师 范 大 学 出 版 社

图书在版编目(CIP)数据

中小学教师专业发展标准及指导. 信息技术/中小学教师专业发展标准及指导课题组编著.—北京：北京师范大学出版社，2012.9（2021.2重印）
ISBN 978-7-303-15301-5

Ⅰ. ①中… Ⅱ. ①中… Ⅲ. ①计算机课－教学研究－中小学 Ⅳ. ① G633

中国版本图书馆 CIP 数据核字（2012）第 189502 号

营销中心电话 010-58809014
北师大出版社教育科学分社网 http://jykx.bnup.com
电子信箱 jiaoke@bnupg.com

出版发行：北京师范大学出版社 www.bnup.com
北京市西城区新街口外大街12-3号
邮政编码：100088
印　　刷：天津中印联印务有限公司
经　　销：全国新华书店
开　　本：730mm × 980mm　1/16
印　　张：10.75
字　　数：170 千字
版　　次：2012 年 9 月第 1 版
印　　次：2021 年 2 月第 4 次印刷
定　　价：22.00 元

策划编辑：路　娜　　责任编辑：路　娜
美术编辑：高　霞　　装帧设计：高　霞
责任校对：李　菡　　责任印制：马　洁

中小学教师专业发展标准及指导
丛书编委会

序

由北京教育学院组织，各方专业人士参与，研制《中小学教师专业发展标准及指导》，经过专家论证和反复修改即将出版，这是一件十分有价值的事情。

我参加了项目成果的评审论证会，与会的各位专家均对项目成果给予了积极的肯定，同时也补充了许多建设性意见，提供了许多思考的角度，有助于进一步深入研究并修改完善。我总地认为，该项成果意义重大，定位妥帖，特点突出。

首先，意义重大。该课题研究具有战略性的意义。为什么这么说呢？教育上要干的事很多，但是抓教师队伍建设始终是关键，2010年国际教师节，联合国四大机构的负责人共同提出："复兴始于教师"。因此，对教师发展进行深入的理性的研究，促进教师科学发展，具有战略意义。北京教育学院能用十余年的时间坚守教师专业发展及其标准这样一个课题研究，表现出一种教育的自觉。在茅草屋底下的西南联大，出来那么多大师级人物，靠的是什么？导师！所以梅贻琦的外号叫"囤积教授的校长"。坚守教师专业发展的课题研究，确实具有深远的战略意义。

其次，定位妥帖。也就是定位科学、适度与适当。第一，定位在"教师专业发展"的标准，界定为在职教师的专业生涯领域，强调了职后的专业发展，强调了专业发展的阶段性与可持续性，这样就与教师资格标准有所区别、也与教师教育标准有所不同了。资格标准和教师教育标准主要涉及职前与入职，是做教师的基本要求；而教师专业发展标准恰好是前两者的延续、深化与补充。三个"标准"有机结合、相互衔接、功能互补，有助于形成我国教师专业化的标准体系。第二，定位在"业务指导性"上。有很多有关教师的素养、标准、目标，多是指令性的、规范性的，至于如何去操作，如何去实现，往往研究不够。但课题组的很多教师认真深入到学科教学当中去，真正在研究教育实践，研究教学实践中的问题和经验，所以能够对学科的特点、学科教学的特点以及学科教师的特点有较好的把握，在实践和理论相结合进行研究的基础上提出具体的指导建议，就很有针对性。所以，这个标准有利于教师自我发展，满足教师培训的需要。

最后，特点突出。主要包括以下几个特点：(1)引领性。现在我们的教师培训需要一个依据，教师自身的专业发展也需要一个依据。所以搞好一个标准，确实具有引领性。(2)发展性。从整体体例上看，纲、目都很清楚，但留有发展空间，不是死标准。给出空间，才能不断完善。(3)聚合性。这是一项综合性研究，牵涉到很多国家的研究成果，牵涉到很多理论问题和实践问题，又要兼顾很多现实情况。把这些东西综合在一起研究，体现了整体优化。(4)实用性。我们常说，中央已经连续不断地发文件强调培养创新人才。“连续不断发文”这也是当代中国教育的一个特点。我们现在拿出一个依据，至少在教师专业发展上可以在较长的时期起作用。(5)规范性。使教师专业发展方面更有章可循，减少随意性。

当然，也有些问题可以进一步研究，使标准更趋完善。

第一个问题，课题立足于“教师专业发展”，但是还没有摆脱教师资格标准的影子。因为教师资格分为初级、中级、高级。按照通常的教师专业发展，可以研究一下几类教师之间的相关性、同步发展的可能性有多大。例如，对于教师职业的热爱，入职阶段是否就只热爱一点，后来进入成熟阶段就更加热爱，到了专家阶段就人格完满、师德高尚了？十年左右教龄的教师常常会有职业倦怠，是不是发展的所有内容都是层次递进的？所以，我想发展与职级不一定直接相关。根据舒尔曼讲的7类教师专业发展知识，教师要掌握学科知识、一般教学法知识、学科教学知识、课程知识、学习者及其特点的知识、教育史、教育哲学，这样大分类后，每一个类里面可能又有层次。比如，德国制定的11类教师标准，也是按大类来分的，但每一类里面也有由浅入深的层次。欧盟制定的教师专业标准也是如此。将来可以继续研究：究竟哪个作为纲，哪个作为目。例如，以健全的人格和职业道德作为一个纲，我们可以分成不同层次，对教师就以不同层次进行评价。一位具体的教师，无论是哪一个级别，都要以层次进行评价。高级教师也不一定每一方面都是A。也不一定老教师专业水平就最高，创新能力就最强，也许年轻人创新能力更强。所以要引导教师在自身基础上发展，使每个人向更高目标前进，而不是熬够年头才能达到高一级的标准。所以，作为专业发展的纲、目可以调整，而不是套用教师资格标准的纲目。这样可能有助于推动教师专业的发展。

第二个问题，是过程与结果的关系。注重过程很不错，但是应该更多地强调效果。按照 ISO 9000 的观念，有标准过程就有好的结果，但是教育专业发展实际不一定是这样的。怎样使过程与效果结合起来，不是教师想使学生得到发展，而是学生是否真的发展了。哥伦比亚大学前校长说，美国师范教育的失败是培养出来一批会教的教师，但是没有培养出来能把学生教会的教师。在信息化发展的时代，用标准化的过程不可能适应不同学生的发展需要，最终评价教师是学生的发展。我们一定要重视过程，但也要重视结果。

希望这项研究成果在实践中产生积极效应，并通过实践不断完善。

国家教育咨询委员
国家总督学顾问
联合国教科文组织协会世界联合会副主席

目　　录

第一部分 前　　言

教育大计，教师为本。高素质专业化的教师队伍是学生健康成长、学校持续改进、教育质量不断提升的关键因素和重要保障。提高教师质量的途径之一，是通过研制教师专业发展标准，来引导教师专业发展的方向、内容和评价。这是提高教师质量的国际经验和趋势。

北京教育学院承担的“北京市教师教育创新平台”，自 2009 年开始，成立了教师专业发展标准研究课题组，围绕职后中小学教师专业发展的标准及其具体内容和操作要点，开展了深入、系统的研究。经过相关文献分析、教师问卷调查、优秀教师访谈、问题集中研讨、初稿撰写起草、专家反复论证、不断修改完善的过程，形成了中小学教师专业发展标准的框架和具体内容，形成了分领域(学科)、分阶段、重操作的《中小学教师专业发展标准及指导》(以下简称《标准及指导》)。

一、研制目的

《标准及指导》研制的目的是服务于教师的发展。就服务的主体而言，它对中小学教师、学校领导、教师培训机构、教育行政部门都有具体的引领作用；就服务的内容而言，它可以用于诊断(反思)与规划、培养与培训、评估与管理等方面。本成果将主要用于中小学教师的自我发展指导和中小学教师培训指导，并在实践应用中加以检验和完善。

首先，为教师反思自身教学实践提供依据。教学反思是教师发展的内在机制。自身教学实践有什么优点和不足，教学水平达到什么程度，需要借助教师专业发展标准提供反思的框架，所以，教师发展标准有助于教师系统地反思。

其次，为教师制定专业发展目标和规划、自主学习与发展提供依据。制定教师发展规划，明确专业发展目标，是教师自主发展的有效方式。不同发展阶段的教师，其发展目标及其要求也是不同的。教师专业发展标准可以为教师制定规划提供参考。《标准与指导》还提供具体内容和操作的指导，这有助于教师参考指导要点，实现自主学习与发展，不断改进教育教学活动。

再次，为教师培训机构诊断教师需求、设计培训目标与课程提供依据。教师培训机构要有效促进教师发展，提高培训的针对性和实效性，必须准确把握教师需求，设计有针对性的培训目标与课程。不同层次培训的课程设计必须依据不同发展阶段教师的发展目标，而教师专业发展标准对此进行了设计。

最后，为管理部门评估教师发展水平提供依据。教师发展的过程性评估和终结性评估对教师本人和管理部门了解信息、激发动力、考核奖惩等都有帮助，而评估标准和指标体系的设计就要依据教师专业发展的标准。

总之，《标准及指导》具有很强的实践意义。当然，标准是针对一定时期一定区域的情况制定的，具有相对性，不是绝对不变的；标准反映的是教师发展的共性规律和要求，具有统一性，而教师个体之间也是有差异的。因此，标准是重要的参考依据，而不是绝对的。在实践和使用过程中，要重标准，不唯标准。

二、主要依据

教师专业发展标准，涉及素质结构如何划分、发展阶段及其任务如何确定、具体要求如何阐述等几个基本问题。这些问题的解决都需要有政策法规、理论研究、客观事实等方面的依据。课题组对这些方面进行了大量的学习、研究，为科学地解决这些问题奠定了比较坚实的基础。

1. 政策法规依据

改革开放以来，我国颁布了若干项关于教师的法律法规和政策，如《中华人民共和国教育法》《中华人民共和国教师法》《中华人民共和国义务教育法》《教师资格条例》《中小学教师职业道德规范》《国家中长期教育改革和发展规划纲要(2010—2020年)》等，其中最集中、最概括地表现于《中华人民共和国教师法》，该法对教师的定位、资格、权利、义务等作了明确的规定，而《中小学教师职业道德规范》(2008 年修订)对教师的职业道德提出“爱国守法、爱岗敬业、关爱学生、教书育人、为人师表、终身学习”六项要求，这为研制教师专业标准提供了最重要的法规政策依据。

2010 年颁布的《国家中长期教育改革和发展规划纲要(2010—2020 年)》从我国“到 2020 年，基本实现教育现代化，基本形成学习型社会，进入人力资源强国行列”的战略目标出发，提出建设一支“师德高尚、业务精湛、结构合理、充满活力的高素质专业化教师队伍”的具体目标，并提出健全教师管理制度，制定教师资格标准等具体要求，《北京市中长期教育改革和发展规划纲要(2010—2020 年)》中还提出了“研究制定教师专业发展标准，明确阶段性目标”的任务，这为制定教师专业发展标准也提供了新的政策依据。

2. 理论依据

制定教师专业标准是许多国家和地区促进教师发展的重要举措。本课题组对美国、英国、德国、法国、俄罗斯、新西兰、新加坡、越南、马来西亚及我国香港地区等建立的教师专业标准进行收集、学习和分析，了解其指导思想、结构和内容，从中寻找有益的借鉴。本课题组成员还多次参与华东师范大学组织的教育部“985”课题“中小幼教师专业标准研究”及比较研究，参与学术会议，了解前沿动态。从目前世界上许多国家和地区的教师专业标准来看，其风格各异。例如，英国“合格教师专业标准”是从“专业价值和承诺”“专业知识与理解”“教育教学实践”三方面进行表述。美国“爱达华州教师专业标准”把教师所应具备的素养分为十个方面，每个方面又从“专业意识、专业知识、专业能力”三个角度来表述。澳大利亚新南威尔士州、南澳州的“教师专业标准”也是按教师应具备的素养分为若干方面，每个方面又从“专业承诺、专业知识、专业实践”三个角度来表述。美国加州的教师专业标准则以教学活动为核心，由六类相关联的教学活动组成标准，每条标准下有若干要点，每个要点中又以“如何”和“为什么”两问，列出一个问题清单供教师思考。国际培训、绩效、教学标准委员会(IBSTPI)制订的“教师能力标准”分专业基础、教学计划与准备、教学方法与策略、评估与评价、教学管理 5 个能力维度，之下有 18 项能力及相应的绩效指标。

总体来讲，各国基本都依据“教师素质理论(包括教师知识理论)”“教师专业发展理论”“教师发展性评价理论”“课程与教学理论”等制定教师专业标准。关于教师素质的理论，国外主要有两大理论流派：一是以美国卡耐基教学促进会主席舒尔曼(Lee S. Shulman，1986)为代表的“学科取向”的教师知识研究，把教师应具备的知识概括为学科内容知识、一般教学法知识、课程的知识、学科教学法知识、学生知识、教育环境的知识、教育宗旨与目的的知识。例如，美国国家专业教学标准的五条标准，主要是参照了“学科取向”的教师知识研究。二是以艾尔巴茨(Freema Elbaz，1981)及康纳利和克兰迪宁(F. Michael Connelly & D. Jean Clandinin，1985)为代表的“实践取向”的教师知识研究，强调教师实践中表现出来的具有个人性、默会性、情境性、实践性、综合性等特点的实践性知识。例如，英国“卓越教师专业标准”则更多地参照了“实践取向”的教师知识研究。国内学者林崇德、申继亮和辛涛教授对教师素质的构成进行研究，提出教师素质在结构上至少应包括五种成分，即职业理想、知识水平、教育观念、教学监控能力以及教学行为与策略。关于教师的知识又提出本体性知识、条件性知识、实践性知识的结构。陈向明等教授对教师的实践性知识进行了深入的研究。

关于教师发展阶段的理论，国内外观点较多。有福勒(France F. Fuller)的四个关注阶段理论、伯林纳(David C. Berliner)的教学专长五阶段理论、利思伍德(Kenneth A. Leithwood)的思维方式五阶段理论、休伯曼(A. Michael Huberman)的七阶段理论、费斯勒(Ralph Fessler)的八阶段生涯理论、邵宝祥的五阶段理论、钟祖荣与李晶的四阶段素质水平理论、叶澜等人的五阶段自我更新理论等。这些理论从不同的角度，对教师不同发展阶段的特征进行了描述和概括。这些为研制分阶段的教师专业标准提供了一定的理论基础。

课程与教学理论是教师专业标准研制的重要理论基础。特别是我国新课程改革的理念，均体现在专业实践的各标准中，诸如强调教学的三维目标，强调学生的自主、探究、合作学习方式，强调信息技术的运用以及与学科教学的有机整合，强调教学与学生的知识基础、生活经验、社会实际相联系，强调形成性、发展性评价，强调利用和开发课程资源等。研制过程中，课题组认真学习和研究了各学科的义务教育阶段课程标准(2011 年版)、高中课程标准，把握各学科的性质、功能，以课程标准的内容为依据提出教师专业发展的要求，又通过教师专业标准的要求，促进课程改革的落实和深入。此外，教学理论也为标准中教学活动部分的制定提供了理论上、结构上的依据。

3. 实践和事实依据

研制教师专业标准需要从实践视角，对教师群体的实际情况和特征进行分析研究，使标准的制定符合实际情况。一方面，我们对北京市中小学教师群体的特征进行调研，包括他们的工作、生活和专业素养状况的调查与分析；另一方面，对北京市中小学优秀教师的特征及发展阶段进行访谈、问卷等调查研究，发现他们的素质特征和成长规律。

培训实践基础。本课题组部分成员自20世纪80年代投入教师继续教育实践，20多年来专访各类教师、校长，研究大量教师成长个案，进行课堂教学观察，开展学生、家长、专家访谈，积累了大量教师专业发展的鲜活案例，较好地把握了中小学教师专业发展的状况和特点。

群体状况调研。北京教育学院组织课题组，开展了三次大规模的教师发展调研。2005年对北京市10个远郊区(县)做"教师专业发展水平调查与研究"，发放问卷10 000份，分析典型学校114所，按照"影响教师专业发展的内外部因素访谈提纲"访谈教师100名，出版专著《京郊中小学教师专业发展机制与对策研究》(2006)。2006年又进行"北京市中学各科教师专业发展水平调查与研究"，发放问卷10 000份，分析典型个案120例，分析典型学校150所，课堂观察560节课，获得大量反映北京市中小学教师专业发展现状的第一手材料，归纳提炼出当前北京市中小学教师专业发展中的主要问题。2009年受教育部师范司委托，我院课题组还对江苏、广东、吉林、北京、河北、湖北、云南、青海等12省市的教师队伍和教师培训进行问卷调查。

优秀教师特征访谈。北京教育学院在1998年对全国部分特级教师进行个案研究和问卷调研，对骨干教师的特征、成长规律进行分析研究，出版专著《骨干教师队伍建设研究》(2000)。2009年，课题组在研究中对北京市18位中小学不同学科的优秀教师进行深度访谈，提炼出优秀教师的基本素质。主要表现为以下五种特质：(1)动机。有对取得教育成果持续渴望、付诸行动的强烈动机。(2)特质。思维敏锐，能对情境或信息做出持续反应并作出决断。(3)自我概念。具有积极的态度、价值观及良好的自我印象。(4)学习能力。具有专业知识的敏感性和吸收与转化能力。(5)技巧。具有分析性思考和概念性思考的能力。

发展阶段调研。2009年，课题组还对12位不同学科不同地域不同阶段的教师就发展阶段进行访谈，又对194名北京市骨干教师进行发展阶段的问卷调查，获得大量数据和信息，并在调研基础上提出教师发展六阶段理论，具体提出六阶段的起止名称、时期名称、各阶段特征及发展任务，为我们划分发展阶段、描述发展标准中各阶段的发展任务提供重要的事实依据。

三、指导思想

1. 宗旨上，体现以学生发展为本的思想

教师专业发展的目的不是仅仅为了自己，而主要是为了学生，为了给国家社会培养有用人才。尊重学生、关心学生、爱护学生、促进学生健康成长，应该成为教师专业发展中最重要的素质。教学中，教师要从学生的学情出发，深入了解学生的知识基础、生活经验、困难障碍等；同时又要调动学生学习的积极性，发挥学生主体性，以促进全体学生的发展。《标准及指导》的专业实践部分主体名称为“促进学生的学习与发展”，是一个具体的表现。具体标准中也始终贯彻这一思想。

2. 内容上，体现时代性的要求

教师专业发展标准，是对教师素质与行为要求的规定。不同地区和时代的教师素质要求，既有共性，又有区别。共性就是要保持教师基本素质要求的稳定性，各个时代强调的共同素质要坚持、保持。区别就是要体现我国当代社会发展对教育、对教师的特殊要求。在《标准及指导》中，我们努力体现《国家中长期教育改革和发展规划纲要(2010—2020年)》中“育人为本、促进公平、提高质量”的要求，强调教师要落实素质教育的要求，强调培养全面发展、个性发展、可持续发展的人才培养要求，强调着力培养学生社会责任感、创新精神和实践能力的要求，也强调维护学生的身体和心理健康，加强安全教育的要求。

3. 结构上，坚持动静结合的思想

教师专业发展标准按照什么样的结构设计，是个重要的问题。如前所述，有两种思路，一种是按照教师素质的要素进行划分，一般分专业情意、专业知识、专业技能三方面，这种思路比较系统完整，内部逻辑性强，但静态性明显，与教师的教育教学实践结合得不紧，容易与教师的教育实践脱节。另外一种是按照教师教育实践的逻辑进行设计，一般包括教学设计、教学实施、教学评价、教学反思等环节，这种思路综合性、实践性强，与教师的实践紧密结合，容易与教师的工作对接，但对教师的素质的规定线索不容易看出来，对教师的自我发展和教师培训的设计也有不利的地方。因此，《标准及指导》把专业基础与专业实践结合起来，取二者之长。当然，这种结合的方法也难免会出现一些交叉重复的现象，我们努力避免，注意从不同的角度进行阐述。

4. 层次上，体现分阶段的原则

终身学习是教师专业发展中最突出的特点。教师专业发展标准应该分阶段描述，体现不同阶段的不同要求，然后通过递进式培训、自主学习与实践等，帮助教师从低一级的发展阶段提升到高一级发展阶段，这样标准就更具有指导性。

我们的研究提出六阶段，这就是从新手教师到合格教师的适应期、从合格教师到熟练教师的熟练期、从熟练教师到成熟教师的成熟期、从成熟教师到骨干教师的发展期、从骨干教师到专家教师的创造前期、从专家教师到教育家的创造后期，每个阶段有不同的发展特点与发展任务①。从大多数教师的实际考虑，也考虑教师发展阶段的连续性及发展阶段评价的复杂程度和难度，在标准制定时分阶段不宜过细，所以，我们把一二期整合成一个阶段、把四五期整合成一个阶段，保留第三阶段，去掉第六阶段，这样就构成三个过程。即“新手到熟练”“熟练到成熟”“成熟到卓越”。

(1)从新手到熟练。“新手”指新任教师，他们有一定的理论知识，但缺乏教学实际技能；“熟练”指熟练教师，他们有熟练的教学技能，对学生比较了解，较好地把握学科知识结构，但缺乏对学科思想方法的深度把握，以及对学生差异的把握。该阶段的发展任务主要是：学会分析教材内容，并逐渐把握学科知识体系；从初步了解学生，逐渐系统深入了解学生特点；初步掌握科学的教育方法和有效的教学技能，并逐渐熟练化。

(2)从熟练到成熟。“熟练”指熟练教师，“成熟”指成熟教师，他们对学科思想方法，学生差异有一定的把握，教学技艺成熟，但还没有形成自己

① 钟祖荣：《〈易经〉乾卦的过程思想与教师发展阶段理论》，载《北京教育学院学报》，2011(3)。

的教学特色和风格。该阶段的发展任务主要是：研究学科的本质和思想方法，深入了解并应对学生的差异，教学方法多样化、艺术化。

(3)从成熟到卓越。“成熟”指成熟教师，“卓越”指省市级骨干教师、学科带头人乃至特级教师，他们已形成自己的教学经验、思想和风格。该阶段的发展任务主要是：开展教育教学研究、改革、实验，总结反思教学经验、思想和风格并努力使之系统化。

“从新手到熟练”和“从熟练到成熟”两个阶段侧重给出教师素质的修炼过程中的要求，给出内容要点、操作要点和案例；“从成熟到卓越”阶段重点体现优秀教师多年修炼的效果，集中表现于对学生发展、学校组织发展和学科发展所产生的实际影响和作出的贡献。

5. 学科上，坚持分领域的原则

课题组首先研究教师专业发展的总标准，即一般标准；然后以此为框架，结合学科、领域的特殊性进行研究，体现学科和领域的特点。《标准及指导》按照语文、数学、英语、理科、社会科、体育、艺术、信息技术、综合实践活动与技术类九个领域编制，解析不同领域教师专业发展的特点、重点和困惑点。分领域分学科的特点，集中体现在教师对各领域的专业知识、课程知识、教学设计等方面，体现出各自的特色。

本册为信息技术分册，主要是针对中小学信息技术学科教师制定的教师专业发展标准及指导，内容涵盖信息技术学科知识、学生知识、课程知识、教学设计、教学实施、教学研究等各个方面。它既保留了与其他领域标准的一致性，也重点突出了信息技术学科的特色。

6. 运用上，体现操作性的原则

教师专业发展标准是用于实践的，特别教师在制定专业发展规划、进行实践反思的过程中，要参考标准的要求。但标准的文字一般比较简明概括，其内涵如何理解，包含什么具体内容，如何操作，都需要比较具体的解释和说明。因此，我们没有停留在描述标准上，而是就标准的条文进行内容说明和操作要点的说明，以利于使用。

四、内容结构

1. 标准的四层结构

标准包括维度、关键表现领域、标准(条目)、结果指标四层。维度包括专业基础和专业实践两维度，专业基础是教师应该具备的师德素养、知识素养，强调的是素养、基础和静态的素质；专业实践是指教师的教育教学活动以及自我发展的实践(包括教学研究与专业发展)，强调的是实践活动、实践能力和动态的素质。关键表现领域是两维度内容的细分，共计4个表现领域，即健全人格与职业道德、学科与教育教学专业知识、促进学生的学习与发展、教育教学研究与专业发展。标准(条目)又是对关键表现领域的细分，是比较概括的素质和行为表现，是标准的主体内容，共计20条一般标准，这些标准(条目)的描述尽量直接表达含义和意义，比如“关爱学生，教书育人”“设计合理的教学方案”。结果指标是标准的进一步细化，是教师在特定发展阶段专业基础和专业实践的具体要求，一条标准既细化为若干具体的要求，又体现出程度上的差异。各学科、领域在结果指标的多少上有所差异，一般有50多条。

2. 指导的三项内容

为帮助教师理解和实践标准，发挥标准的作用，《标准及指导》强调“指导”的功能。指导是针对中小学教师而言的，是对中小学教师理解标准的指导、是对落实标准要求的行为指导、是对反思教学实践、规划自身发展的指导。指导包括内容要点、操作要点、举例说明。专业基础部分主要是内容要点，侧重在具体的条目的含义、要素、内容的解析上；而专业实践部分主要是操作要点，侧重在行为的指导上，诸如操作的程序、要求、策略。举例说明是对重点与难点的实例呈现和实例示范。

3. 三阶段递进结构

《标准及指导》强调发展性、阶段性，所以，无论是在标准框架与标准内容中，还是在指导要点部分，我们都按照三个阶段阐述。

三阶段结果指标的描述是有程度差异的。总体看，是呈现递进式的发展。这涉及教师专业发展的模式或规律问题，即教师的专业发展是否总是递进式，这是需要进一步深入研究的。根据目前的调查研究，我们认为，教师在不同的阶段有不同的任务、关注点和特点，这种关注点和任务的重心转移，反映递进的特点。当然，具体到每一位教师，就可能呈现出五彩缤纷的样式，从发展速度上说，有的素质可能发展很快，而有的素质可能发展缓慢，甚至长期处于平台水平；从发展水平看，有的素质可能能够达到很高水平，而有的素质只能达到较低水平；从人际差异看，可能有的整体素质发展水平高，有的部分素质发展水平高、部分素质发展水平低，有的可能整体素质发展水平不高。处于某个阶段的教师主要看本阶段的要求。

五、相关概念

在《标准及指导》中，涉及诸多概念，在指导要点中对其有具体的解释和说明，但有关学科与教育教学知识部分，有几个概念是通用的，故在前言部分加以解释。

1. 教师的学科知识

教师的学科知识，依据不同的组织方式划分，包括两类，一类是作为一门学科(discipline)的知识，是根据知识的逻辑体系组织的；另一类是学校教学中一门课程的知识(subject)，是基于学生学习心理而组织的知识体系。

作为一门学科的知识包括两个层次：低层为必要的基础知识和学科技能；上层为学科特有的视角、核心概念和方法。

作为一门课程的知识，包括对课程功能、性质等的认识，课标教材范围知识的体系、课标教材范围的知识、知识的组织与呈现方式以及上位的核心概念等。

2. 学科知识与技能体系

学科知识与技能体系，即我们平常所说的基础知识和基本技能的内容框架(包括组成部分和连接方式)。学科知识和技能体系是最基本的内容，是每位教师必须把握的，一般在课程标准中给出。

3. 学科知识与技能的层级结构

知识结构是指一个人经过专门学习培训后所拥有的知识体系的构成情

况与结合方式。合理的学科知识结构是有层级的，具有“上、下位关系”。学科的知识层级结构如图 1-1 所示。

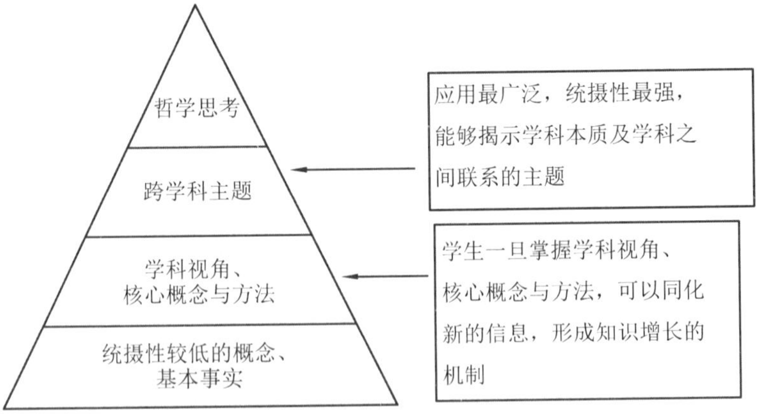

图 1-1 学科知识层级结构和作用示意图

跨学科主题，是指不同学科、不同领域中共同存在的主题，比如循环主题，在地理、生物、历史等学科中均存在。

核心概念(big idea)，实际上是学科中一些基本的、重要的观点和观念，某个学科的核心概念是在众多的事件、事实、现象的基础上归纳、推理出来的结论，是对同一类问题本质特征的概括①。通常是用一个命题、判断构成的。教学中让学生掌握这种核心概念，可以提高学生的概括水平、解释水平、应用迁移能力。有学者说：“在构思科学教育的目标时，在知识方面不是用一堆事实和理论，而是用趋向于核心概念的一个进展过程。”“这些核心概念及进展过程可以帮助学生理解与他们在校以及离开学校以后的生活有关的一些事件和现象。”“许多知识领域都是这样的：构成一个知识领域，是因为具有核心的知识、技能和态度。”②2011 年版的义务教育课程标准，强调了教学中对核心概念的渗透。

4. 学科教学知识

学科教学知识(pedagogical content knowledge，简称 PCK)是舒尔曼

---

① California State Board of Education，*Science Education Framework*，1998，pp. 28-32.

② [美]温·哈伦：《科学教育的原则和大概念》，第 2 页，韦钰译，北京，科学普及出版社，2011。

1986年提出来的概念。他认为这种知识就是“对于一个人的学科领域中最一般的要教授的内容，表达那些概念的最有用的形式，最有效的比喻、说明、例子、解释以及演示——一句话，就是使人易于懂得该学科内容的表达和阐述方式”，它还包括“知道不同年龄和背景的学生在学习那些最经常教授的课题时已具有的一些日常概念和先入之见，这些日常概念和先入之见会使具体内容的学习变得容易或困难”。这种知识是学科知识在教学应用中的转换形式，是特定的内容与教学法的整合或转换，是教师独特的知识领域，是他们专业理解的特殊形式，具有个体性、综合性、实践性、情景性。这种知识对教学的效果具有重要的影响。如图1-2所示。

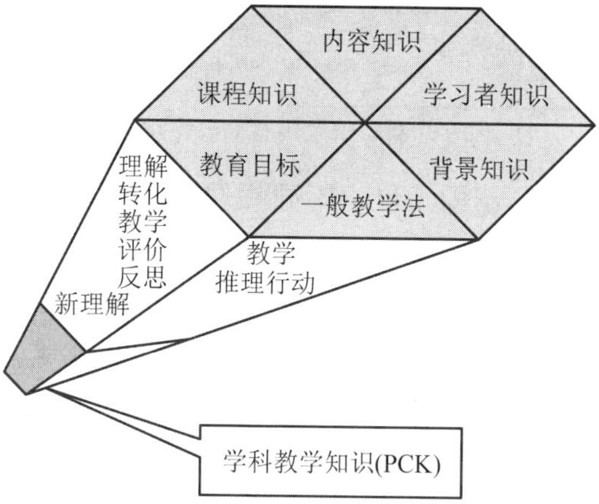

图1-2　舒尔曼PCK结构图

1990年格罗斯曼(Pamela L. Grossman)对PCK概念给予重要阐释，将PCK解析为以下四部分：①一门学科的统领性观点(关于学科性质的知识和最有学习价值的知识)；②学生对于特定学习内容易理解和误解的知识(学生理解能力的知识)；③特定学习内容在横向和纵向上组织和结构的知识(课程知识和教材知识)；④将特定学习内容呈现给不同学生的策略知识(知识的结构设计)。如图1-3所示。

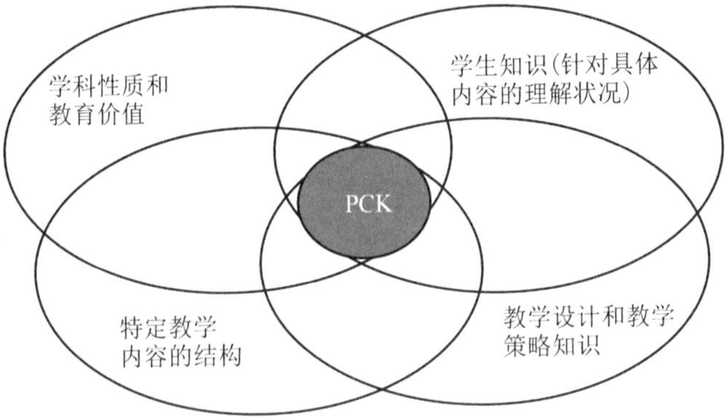

图 1-3 格罗斯曼 PCK 结构图

第二部分　信息技术教师专业发展标准

一、标准纲目

维度	领　域	标　准	结果指标		
			新手到熟练	熟练到成熟	成熟到卓越
2	4	20	56	55	53
维度一 专业基础	领域一 健全人格与职业道德	1. 爱岗敬业，履职尽责	4	4	4
		2. 关爱学生，教书育人	4	3	3
		3. 为人师表，严谨治学	3	3	3
		4. 热爱生活，身心健康	4	4	3
	领域二 学科与教育教学专业知识	5. 关于学科的知识	5	3	3
		6. 关于学生的知识	1	2	2
		7. 关于课程的知识	2	2	2
		8. 关于教学的知识及学科教学知识	1	1	3
		9. 科学与人文素养	3	3	3
维度二 专业实践	领域三 促进学生的学习与发展	10. 创设良好的学习环境	1	1	1
		11. 设计合理的教学方案	6	5	3
		12. 实施有效的教学活动	4	4	3
		13. 培养良好的学习习惯与指导学生学会学习	3	2	2
		14. 开展多元的学习评价	2	6	3
		15. 促进有效的课堂管理	2	2	3
		16. 渗透思想品德教育与生活技能教育	2	2	1
		17. 实施积极的安全教育与健康教育	2	2	2
	领域四 教育教学研究与专业发展	18. 教育教学反思与行动研究	3	2	3
		19. 团结协作与经验分享	2	2	2
		20. 终身学习与持续发展	2	2	4

二、标准框架

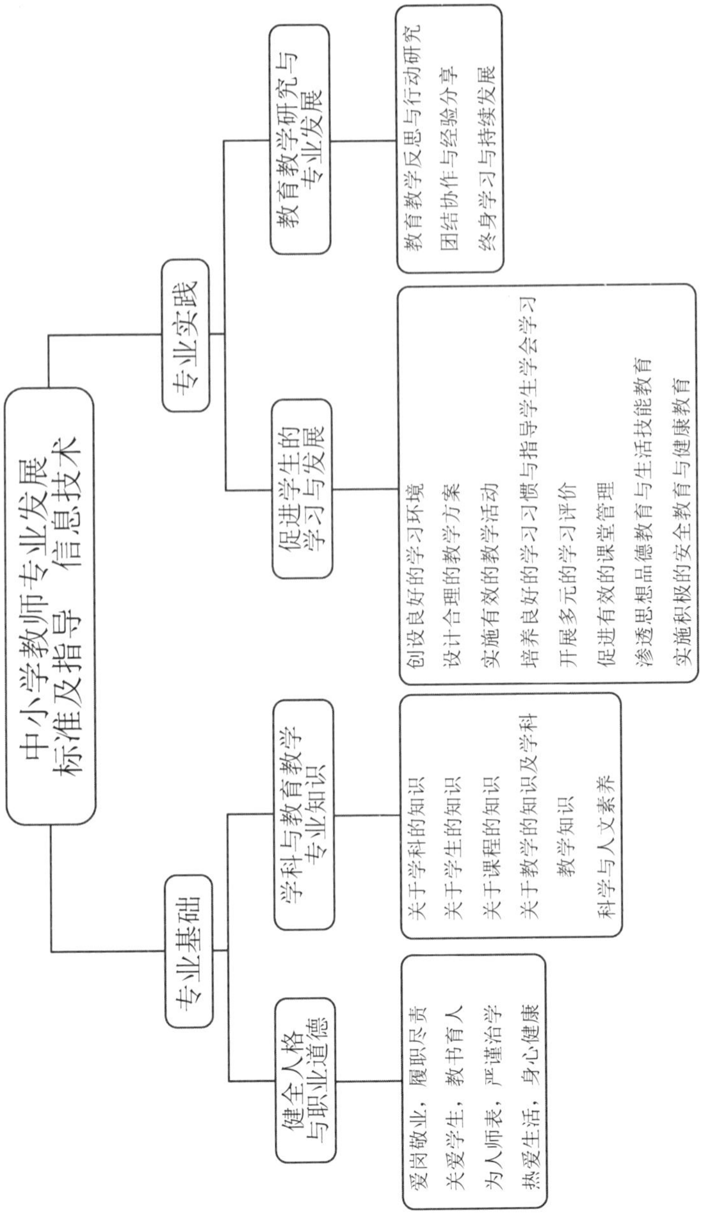

中小学教师专业发展标准及指导 信息技术
专业实践
教育教学研究与专业发展
教育教学反思与行动研究
团结协作与经验分享
终身学习与持续发展
促进学生的学习与发展
创设良好的学习环境
设计合理的教学方案
实施有效的教学活动
培养良好的学习习惯与指导学生学会学习
开展多元的学习评价
促进有效的课堂管理
渗透思想品德教育与生活技能教育
实施积极的安全教育与健康教育
专业基础
学科与教育教学专业知识
关于学科的知识
关于学生的知识
关于课程的知识
关于教学的知识及学科教学知识
科学与人文素养
健全人格与职业道德
爱岗敬业，履职尽责
关爱学生，教书育人
为人师表，严谨治学
热爱生活，身心健康

三、标准内容

维度一　专业基础

领域一　健全人格与职业道德

标　准	结果指标		
	从新手到熟练	从熟练到成熟	从成熟到卓越
1. 爱岗敬业，履职尽责	1.1 愿意从事教育事业。 1.2 了解并遵守教育法律法规及教育方针政策。 1.3 明确教师职责。 1.4 有责任意识。	1.1 热爱教育事业。 1.2 自觉遵守教育法律法规及教育方针政策。 1.3 认真履行教师职责。 1.4 具有责任感。	1.1 挚爱教育事业，全身心致力于学生的学习和发展。 1.2 自觉遵守教育法律法规，自觉贯彻执行教育方针政策。 1.3 出色履行教师职责，具有高度的责任感和奉献精神。 1.4 有强烈的事业心和教育理想与抱负。
2. 关爱学生，教书育人	2.1 关心学生。 2.2 平等公正地对待学生。 2.3 引导学生遵守学生守则，明辨是非。 2.4 树立促进学生全面可持续发展及个性化发展的意识。	2.1 关心和热爱每一位学生，做学生的良师益友。 2.2 平等公正地对待学生，尊重学生人格。 2.3 引导学生树立正确的人生观和价值观，促进学生可持续发展。	2.1 热爱并关注每一位学生，平等公正地对待每一位学生。 2.2 培养学生的健全人格，引导学生树立正确的人生观和价值观，能以行为诠释价值，成为学生健康成长的导师。 2.3 着眼于学生的素质提升、潜能发挥与可持续发展。

续表

标准	结果指标		
	从新手到熟练	从熟练到成熟	从成熟到卓越
3. 为人师表，严谨治学	3.1 遵纪守法，以身作则。 3.2 努力钻研，熟悉业务。 3.3 遵守知识产权。	3.1 遵纪守法，公正廉洁，以身作则。 3.2 树立优良学风，刻苦钻研业务，不断学习新知识，改进教育教学方法，提高教育教学水平。 3.3 自觉遵守知识产权。	3.1 遵纪守法，作风正派，公正廉洁，以身作则。 3.2 提高教育科研能力，探索教育教学规律。 3.3 遵守学术道德与规范；具有对教育问题的宏观把握和批判性思维，问题意识与创新意识强，努力探索教育教学规律。
4. 热爱生活，身心健康	4.1 积极锻炼身体，增进身体健康。 4.2 积极乐观，具有爱心、同情心和正义感。 4.3 能够正确对待困难和挫折。 4.4 具有良好的生活情趣，至少培养一种有益身心健康的兴趣爱好。	4.1 积极锻炼身体，增进身体健康，合理分配精力，保持充沛的活力。 4.2 积极乐观、善良宽容，具有爱心、同情心和正义感。 4.3 能够正确对待困难和挫折，善于自我调节。 4.4 具有良好的生活情趣，至少培养一种有益身心健康的兴趣爱好。	4.1 关爱自己的身体，促进身体健康，合理分配精力；用积极向上的态度，强烈感染学生和周围的人。 4.2 正确且从容对待困难和挫折，善于自我调节。 4.3 具有高尚的情操和审美情趣。

领域二　学科与教育教学专业知识

标　准	结果指标		
	从新手到熟练	从熟练到成熟	从成熟到卓越
5. 关于学科的知识	5.1 掌握信息技术学科的课程标准中明确规定的学科知识。 5.2 了解信息技术学科的知识体系和学生技能发展体系。 5.3 加强实践训练，不断提升实践能力。 5.4 勤于了解信息技术学科的发展简史和前沿成果，不断拓展学科视野。 5.5 勤于了解信息技术学科与其他学科以及 STS① 之间的联系，不断拓展科学视野。	5.1 掌握信息技术学科的课程标准中明确规定的学科知识。较好地把握信息技术学科的知识体系和学生技能发展体系。能够描述信息技术学科知识的层级结构。 5.2 能够理解信息技术学科的知识框架和学科思维，描述信息技术学科知识的层级结构。 5.3 熟悉信息技术学科与其他学科以及生活实践、社会发展之间的联系，并能有意识地在教学中渗透。	5.1 具备统领性、深刻性、融通性的信息技术学科知识，并能够在丰富的信息技术学科实践中，形成动态发展的学科知识结构和解决实际问题的能力。 5.2 能够关注信息技术学科的前沿发展，并能介绍给其他教师，且恰当地整合在教学中。 5.3 具有多学科知识并能很好地融通起来。
6. 关于学生的知识	6.1 了解教育心理学以及其他相关学科关于学生的知识，具有将其应用于信息技术学科教学的意识。	6.1 了解教育心理学以及其他相关学科关于学生的知识，并能用于信息技术学科教学和学生管理中。 6.2 了解学生学习信息技术学科不同内容的学习规律。	6.1 深谙教育心理学以及其他相关学科关于学生的知识，并能灵活而有效地运用于信息技术学科教学和学生管理中。 6.2 掌握学生身心发展的特点和学习规律；具备学习策略、技巧以及学习习惯指导的相关知识和方法。

① STS 即科学(science)、技术(technology)、社会(society)的简称。

续表

标准	结果指标		
	从新手到熟练	从熟练到成熟	从成熟到卓越
7. 关于课程的知识	7.1 了解信息技术学科的课程性质、课程目标、课程内容、课程组织和课程评价等知识。 7.2 了解课程改革中提出的理念，并努力实践课改中倡导的价值与行为。	7.1 掌握信息技术学科的课程性质、课程目标、课程内容、课程组织和课程评价等知识。 7.2 理解课程改革中提出的理念，并知道如何实践课改中倡导的价值与行为。	7.1 具有丰富的任教学科课程设计、课程实施、课程资源、课程评价等方面的知识。 7.2 深谙课程改革的基本理念和信息技术学科课程在学生发展中的意义。
8. 关于教学的知识及学科教学知识	8.1 了解信息技术学科的一般教学过程、教学目标、教学内容、教学策略、教学媒体、教学评价等方面的知识，并知道其适用范围。	8.1 掌握信息技术学科的教学目标、内容、过程、原则和方法、组织和管理及评价等方面的知识，并知道如何运用。	8.1 精通有关信息技术学科的教学目标、内容、过程、原则和方法、组织和管理及评价等方面的知识，并能灵活地运用。 8.2 基于教学内容和学生情况，形成促进学生理解性学习的多元教学策略知识。 8.3 体现独特思想和风格的教学艺术（策略）的知识，积累丰富的教学案例知识。

续表

标　准	结果指标		
	从新手到熟练	从熟练到成熟	从成熟到卓越
9. 科学与人文素养	9.1 具有扎实的科学知识基础，形成较高的科学素养，能够运用自己的科学知识指导学生的学习。 9.2 充分利用信息技术手段，广泛地涉猎哲学、文学、历史等知识，提高人文素养，在教学中具有渗透传承中华优秀文化的意识。 9.3 具有获取、评价、处理和应用信息的能力，有一定的信息素养，有培养学生信息素养的意识和行动。	9.1 熟悉科学研究的过程与方法，具有较高的科学素养，有培养学生科学素养的意识和行动。 9.2 具有积极向上、关爱他人的人文态度，形成一定的人文素养，有培养学生人文素养的意识和行动。 9.3 具有较高的信息素养，能够熟练获取、评价、处理和应用信息，具有较强的信息表达能力，在教学中注重学生信息素养的培养。	9.1 熟悉科学技术对社会和个人产生的影响，形成很高的科学素养，能够自觉地培养学生的科学素养。 9.2 注重培养学生的人文素养，自觉主动地承担传承中华优秀文化的责任，具有国际视野，对其他文化具有选择性吸收和转化的能力。 9.3 具有较高的信息素养，能够创造性地获取、评价、处理和应用信息，具有娴熟的信息表达能力，在教学中注重学生信息素养的培养。

维度二　专业实践

领域三　促进学生的学习与发展

标　准	结果指标		
	从新手到熟练	从熟练到成熟	从成熟到卓越
10. 创设良好的学习环境	10.1 建立良好的师生关系，创设安全的信息技术学习环境和友爱互助的学习氛围。	10.1 建立良好的师生关系，创设安全的信息技术学习环境和民主的学习氛围，鼓励学生独立思考。	10.1 能够根据学科特点和学生实际，创设能够满足学生学习需要、促进学生发展的物理环境和学习氛围。

续表

标准	结果指标		
	从新手到熟练	从熟练到成熟	从成熟到卓越
11. 设计合理的教学方案	11.1 能够基于信息技术学科课程标准、学习内容、学习者分析，确定教学目标并进行正确的表述。 11.2 熟悉教材内容，学会分析教材，确定学习重点。 11.3 能够从学习内容、学情分析以及学生的心理特点和生活经验出发，确定学习的难点。 11.4 能够依据教学目标，合理地选用教学资源与媒体设备，学会设计教学进程。 11.5 能够根据教学目标设计合理的评价方式。 11.6 能够提供一定的学习资源。	11.1 能够基于信息技术学科课程标准、学习内容、教材分析、学情分析确定具体而清晰的教学目标并进行准确的表述。 11.2 能够正确把握教材中的基本内容及其联系，确定学习重点和难点，并掌握突破重难点的方法。 11.3 能够依据教学目标设计连贯性的教学进程，设计合理的学习活动。 11.4 能够依据教学目标、内容和进程恰当地设计教学评价。 11.5 能够提供相应的学习资源。	11.1 整合多元教学目标，创造性地设计教学内容，能够进行教学设计背后的学理分析。 11.2 根据学生认知发展规律，不仅关注学生获得知识、提高认知能力，还关注培养学生的责任感与非智力因素。 11.3 深谙不同类型知识的学习策略，为学生提供丰富的学习资源，在教学设计中不断优化教学过程，促进学生发展。

续表

标准	结果指标		
	从新手到熟练	从熟练到成熟	从成熟到卓越
12. 实施有效的教学活动	12.1 能够吸引学生注意力，激发学生学习兴趣。 12.2 能够合理安排教学时间，注意上机与讲授的时间比，运用教学策略，组织课堂教学，完成预设的教学任务。 12.3 知道信息技术学科授课方式以及评价手段的多样性。 12.4 能组织学生参与社区和服务社会活动，采用多种方式，发展学生的社会实践能力和社会责任感。	12.1 根据教学内容，能够合理安排教学时间，灵活掌握上机与讲授的时间比，运用恰当的教学策略，完成预设的教学任务。 12.2 掌握信息技术学科适用的教学模式以及多样的评价方式。 12.3 能够调控教学进程，处理好教学预设与教学生成的关系，并及时处理课堂上的突发事件。 12.4 能有效组织学生参与社区和服务社会活动，增进对社会的认识与体验，采用多种方式，发展学生的社会实践能力和社会责任感。	12.1 具有果断的教学决策能力，能够灵活、有效地运用教学策略。 12.2 能够敏锐地捕捉课堂教学中的关键问题并妥善处理生成性问题，促进学生个体的学习和发展。 12.3 能组织学生参与社区和服务社会实践活动，采用多种方式，发展学生的社会实践能力和社会责任感。
13. 培养良好的学习习惯与指导学生学会学习	13.1 根据课堂与课外学习内容，考虑学生认知特点，逐步提出学习要求。 13.2 认识到学习方法在信息技术学习中的重要性，注意培养学生的良好学习习惯。 13.3 有培养学生思维方法及创新精神的意识。	13.1 结合课堂与课外学习内容，运用具体的方法，指导学生习得自主、合作、探究的学习方式，形成良好的学习习惯及学习方法。 13.2 能够根据信息技术学科的思维特点，有意识地训练学生的思维方法及创新精神。	13.1 系统掌握多种学习策略，有计划地进行策略性知识的教学，学生能够感受到在教师的指导下，逐渐形成有效的学习策略。 13.2 注意培养学生的问题意识、创新思维能力和实践能力，学生感到学习处于追求新目标和解决更高层次问题中。

续表

标准	结果指标		
	从新手到熟练	从熟练到成熟	从成熟到卓越
14. 开展多元的学习评价	14.1 具有引导学生参与评价的意识。 14.2 关注学生的学习效果。	14.1 熟悉信息技术学科评价的内容和特点。 14.2 灵活选择不同的评价工具和方式，实现过程性评价和终结性评价的有机结合。 14.3 能够指导学生进行自评。 14.4 通过学生自评、生生互评以及师生互评等方式实现评价主体多元化。 14.5 能够采取合理的方法评价学生的学习效果。 14.6 能够有效利用评价结果对学生进行个别辅导或分层辅导，对教学进度和教学策略进行调整。	14.1 在评价主体、内容、方式和结果上体现多元的思想，善于通过评价促进学生的发展。 14.2 善于根据评价目的和内容灵活选择考试、成长档案袋等方式以实现过程性评价和终结性评价的有机结合。 14.3 熟悉国外有关学生测试的命题与分析，并将其灵活地运用于自己的教学中。
15. 促进有效的课堂管理	15.1 能够维持正常的课堂教学秩序，完成教学任务。 15.2 根据课堂反馈信息，合理调控课堂的时间与节奏以及教学内容。	15.1 能够根据班级实际状况，运用有效的教学策略组织教学，顺利完成教学任务。 15.2 根据课堂教学反馈信息，灵活调整教学内容和进程。	15.1 善于运用科学而灵活的方法组织课堂教学。 15.2 善于调动学生的积极性，开展各种组织形式的教学，学生感到自我管理能力与合作能力逐渐提高 15.3 根据反馈信息合理、灵活地调整教学内容和进程。

续表

标准	结果指标		
	从新手到熟练	从熟练到成熟	从成熟到卓越
16. 渗透思想品德教育与生活技能教育	16.1 学习、掌握生活技能教育的知识和方法，具有培养学生生活技能的意识。 16.2 在信息技术学科教学中，注重对学生进行信息道德教育。	16.1 能够深入领会并掌握生活技能教育的知识和方法。 16.2 能够在信息技术学科教学中，渗透对学生的信息道德教育。	16.1 能够基于信息技术学科特点和学生的年龄特征、个体差异，主动采取恰当、多样、有效的方式渗透生活技能教育和道德教育。
17. 实施积极的安全教育与健康教育	17.1 具有关注学生心理健康的意识。 17.2 引导学生树立自我保护的意识，对学生的人身安全、信息安全、用电设备安全负有责任感，遇有突发事件时救助学生。	17.1 了解有关学生心理健康的知识和方法。 17.2 引导学生树立自我保护的意识，对学生的人身安全、网络信息安全、用电设备安全负有责任感，遇有突发事件时救助学生。	17.1 对学生的人身安全有高度的责任感，能积极开展以预防为主的安全教育、健康教育，为有需要的学生提供支持和帮助。 17.2 对学生的人身安全、网络信息安全、用电设备安全有高度的责任感，遇有突发事件时，积极采取有效措施救助学生。

领域四　教育教学研究与专业发展

标　准	结果指标		
	从新手到熟练	从熟练到成熟	从成熟到卓越
18. 教育教学反思与行动研究	18.1 培养教学反思的习惯，及时总结教学经验。 18.2 具有问题意识，经常梳理教学中的问题，并尝试进行解决。 18.3 学习教育科研方法，尝试参与课题研究。	18.1 能够根据研究专题，尝试采用不同的方法，进行专题研究。 18.2 掌握课题研究的基本方法。	18.1 思维敏锐，对情景产生直觉的、深刻的、整体而全面的理解，能够很快地辨认出显著的信息，关注异常的信息；具有分析性、概念性、批判性的思考能力。 18.2 善于提出并解决教育教学中的重要问题，开展教育教学改革实验，深入研究教育教学规律，形成独特的教育教学思想或教学风格。 18.3 注重研究成果的形成，能够在学术刊物上发表研究论文或出版专著，使研究成果具有更广泛的辐射作用，并使成果得到同行的关注、讨论和认可。

续表

标　准	结果指标		
	从新手到熟练	从熟练到成熟	从成熟到卓越
19. 团结协作与经验分享	19.1 具有团队合作意识。 19.2 积极参加研修活动，虚心求教。	19.1 具有通过团队合作解决问题的意识。 19.2 善于发现和学习他人的优点，主动提供自己的学习经验。	19.1 把自己的经验结构化、形成可以传递的知识形态；引领信息技术学科团队的专业研修活动，团队成员能够受到启发并产生把研修结果运用到工作的动机。 19.2 作为信息技术专业领域的领军人物，在专业学会和广大教师中发挥引领作用。
20. 终身学习与持续发展	20.1 能够制定符合自身专业发展的职业生涯规划，树立正确的职业理想。 20.2 积极参加学习和进修，具有优化和提升自我专业素养的意识。	20.1 积极参加各类研修活动及教师培训，保持学习和反思的良好习惯。 20.2 具有职业理想和道德，能够制定出符合个人实际的专业发展规划。	20.1 能够始终保持学习新知识的热情，不断优化知识结构，具有高度的专业敏感性和吸收、转化能力。 20.2 具有不断探索、研究、反思的意识，积极更新教育教学理念并付诸实践。 20.3 积极参加各级各类教师培训，成为学习的模范。按照职业生涯规划，自主提高信息技术专业发展能力。 20.4 具有职业理想和道德，能够突破个人专业发展的瓶颈不断给自己规划更高的职业目标，行走在能力的极限上，不断促进知能持续发展。

第三部分 指导要点

一、从新手到熟练

维度一 专业基础

领域一 健全人格与职业道德

标 准	结果指标
1. 爱岗敬业，履职尽责	1.1 愿意从事教育事业。 1.2 了解并遵守教育法律法规及教育方针政策。 1.3 明确教师职责。 1.4 有责任意识。

1.1 愿意从事教育事业。

【内容要点】

愿意从事教师职业，喜欢学生，喜欢任教学科，喜欢教学工作。

1.2 了解并遵守教育法律法规及教育方针政策。

【内容要点】

从进入教师队伍的第一天起，教师就要熟悉、贯彻国家教育方针政策，遵守教育法律法规，主要有：

《中华人民共和国教育法》，1995 年 9 月 1 日起施行。

《中华人民共和国义务教育法》，2006 年 6 月 29 日修订通过，9 月 1 日起施行。

《中华人民共和国教师法》，1994 年 1 月 1 日起施行。

《中华人民共和国未成年人保护法》，2006 年 12 月 29 日修订通过，2007 年 6 月 1 日起施行。

此外，信息技术教师还特别需要了解和信息技术紧密相关的政策法规，如：

《全国人民代表大会常务委员会关于维护互联网安全的决定》，2000年12月28日九届全国人大常委会第十九次会议通过。

《中华人民共和国计算机信息系统安全保护条例》，1994年2月18日起施行。

《互联网信息服务管理办法》，2000年9月25日起施行。

《计算机信息网络国际互联网安全保护管理办法》，1997年12月16日颁布，1999年12月30日起施行。

1.3 明确教师职责。

【内容要点】

按照《中华人民共和国教师法》的界定，教师的身份为“履行教育教学职责的专业人员”。其总的职责应该归结为教书育人，具体可见下面几条：

(1)遵守宪法、法律和职业道德，为人师表。

(2)贯彻国家的教育方针，遵守规章制度，执行学校的教学计划，履行教师聘约，完成教育教学工作任务。

(3)对学生进行宪法所确定的基本原则的教育和爱国主义、民族团结的教育，法制教育以及思想品德、文化、科学技术教育，组织、带领学生开展有益的社会活动。

(4)关心、爱护全体学生，尊重学生人格，促进学生在品德、智力、体质等方面全面发展。

(5)制止有害于学生的行为或者其他侵犯学生合法权益的行为，批评和抵制有害于学生健康成长的现象。

(6)不断提高思想政治觉悟和教育教学业务水平。

1.4 有责任意识。

【内容要点】

首先，教师应该树立良好的职业道德，具有勇于负责，敢于负责的精神；其次，教师还应该有意识地培养学生的责任感，以身作则，强化学生的责任意识。

标 准	结果指标
2. 关爱学生，教书育人	2.1 关心学生。 2.2 平等公正地对待学生。 2.3 引导学生遵守学生守则，明辨是非。 2.4 树立促进学生全面可持续发展及个性化发展的意识。

2.1 关心学生。

【内容要点】

关心学生是每位教师应尽的道德责任，要不断更新教育观念，树立人人成才观念。要坚持以学生为本的教育，面向全体学生，促进学生成长成才。要有意识地从学生的学习、安全教育，健康教育、思想教育等方面关心学生。具体如下：

(1)关心学生的思想和生活，利用课余时间接触学生，了解学生在想什么、需要什么。

(2)关心学生的学习，发现和重视学生在学习中的优点和困难，想办法让每个学生都在原来的基础上提高，并使周围的学生和家长认同学生的提高，增强学生对学习的信心。

2.2 平等公正地对待学生。

【内容要点】

平等是尊重，是伦理原则上的公正，而不是抽象意义上的平均。在教育实践生活中，落实平等意味着如何将“一视同仁”和“因材施教”进行结合。所以，这里的平等指的是学生所得到的人格上的尊重，而因材施教则是方法意义上的平等。

2.3 引导学生遵守学生守则，明辨是非。

【内容要点】

(1)教师要在日常的教育活动和交往中，帮助学生完成从他律到自律的转化，提高学生自我教育的能力。

(2)教师要帮助学生了解并熟悉学生守则，让学生在身边熟悉的事例中体会学生守则。

(3)教师要在平时的交往中帮助学生建立正确的是非观念。

(4)教师要通过主题班会或其他主题活动帮助学生明辨是非。

(5)教师要在日常的学科教学中对学生加以正确的引导。

(6)教师要在交往中及时发现学生的错误并及时纠正错误。

2.4 树立促进学生全面可持续发展及个性化发展的意识。

【内容要点】

教师在教学中要注重素质教育，依据教育方针和“以学生为本”的指导原则，以全面提高学生素质，重视学生的个性化培养为宗旨，促进学生德智体美全面发展。

标　准	结果指标
3. 为人师表，严谨治学	3.1　遵纪守法，以身作则。 3.2　努力钻研，熟悉业务。 3.3　遵守知识产权。

3.1 遵纪守法，以身作则。

【内容要点】

本阶段教师应熟知主要教育法规的基本内容与要求，能以有关具体规范为准，进行自我监督、自我约束。在完成所承担的学校各项工作任务中，能有效调控自己的教育教学言行，尽自己最大的努力做好各项工作，给学生树立良好的为人处世的榜样。

3.2 努力钻研，熟悉业务。

【内容要点】

教师应熟知专业规范，包括课堂教学与课堂管理的规范，班主任工作的基本内容与班级管理的基本要求，以及学校工作的其他专业规范，掌握教师的基本工作技能。对于教育教学及其管理工作中出现的常见问题，能借助于专业理论的指导，进行迅速诊断，并灵活有效地予以解决。

3.3 遵守知识产权。

【内容要点】

教师应熟知主要知识产权的基本内容与要求，能进行自我监督、自我约束。能调控自己的教育教学行为，自觉遵守知识产权中规定的各项要求。

标　准	结果指标
4. 热爱生活，身心健康	4.1　积极锻炼身体，增进身体健康。 4.2　积极乐观，具有爱心、同情心和正义感。 4.3　能够正确对待困难和挫折。 4.4　具有良好的生活情趣，至少培养一种有益身心健康的兴趣爱好。

4.1　积极锻炼身体，增进身体健康。

【内容要点】

(1)认识健康对人的生活和工作的意义，理解锻炼对健康的价值。

(2)初步养成科学饮食、定期体检和定时锻炼的习惯。

(3)保持合理的体重、充足的体力和旺盛的精力。

4.2　积极乐观，具有爱心、同情心和正义感。

【内容要点】

(1)积极乐观

基本理解个人与他人、个人与集体、个人与社会以及个人与工作和生活的关系，常怀自律之心、感恩之心、奉献之心和平常之心；对未来充满希望，对自己较有信心，对他人心怀同情与感恩，对组织与事业比较认同。具有善良之心，初步形成职业认同感。

(2)爱心

拥有仁慈之心，善待弱者。以学生为例，爱心体现在尊重学生的人格，相信学生的发展潜力和成长的力量，平等地对待每一位学生，能够理解与宽容学生，关心与关爱学生；使学生能够在理智与情感交融的氛围中享受爱的滋养，实现快乐成长。

(3)同情心

对弱者有所觉察、理解，并能够产生情感共鸣；能够给予弱者帮助。同情和帮助弱者，给学生示范同情心；关爱和帮助成长中的学生，让学生体验同情心；引导学生爱护与帮助弱者，使学生富有同情心。

(4)正义感

具有追求正义、伸张正义的道德意识和道德情感；处理事情合情合理，为人正直正义；尊重和遵守制度、规则和程序；不伤害他人、不侵犯他人的基本权利；遇到不公平的事情敢于直言，主持正义；能够鄙视非正义的行为。

4.3 能够正确对待困难和挫折。

【内容要点】

教师要有足够的勇气面对生活和工作中的困难与挫折，关键时刻能够采取合理的措施进行处理。具体做到：

(1)能够理解困难与挫折乃是人生之常事，而且能够认识到，克服困难、经历挫折可以培养人的意志、勇气，锻炼人的能力。

(2)对待困难，能够寻找困难存在的主客观原因，厘清解决困难的思路，选择解决问题的方法，较好地解决困难。

(3)面对挫折，能够不怨天尤人，并具有较大的信心和勇气迎接挫折，朝着既定的目标，加倍努力；同时，具有一定宣泄方法，以摆脱工作和生活压力。

4.4 具有良好的生活情趣，至少培养一种有益身心健康的兴趣爱好。

【内容要点】

现代社会生活是丰富多彩的，也是多元、多维的，良好的生活情趣有益于人的身心健康，有利于提高人的道德和文化修养。年轻教师应追求有情趣、有品位的生活，具体做到：

(1)能够认识生活情趣的含义，理解良好的生活情趣对调节身心健康和促进工作的价值。

(2)至少培养一种有益身心健康的兴趣爱好，或者是打球、游泳、跑步、下棋、登山、散步等体育类活动，或者是唱歌、弹(拉)琴、绘画、吟诗、跳舞等艺术类活动，抑或是养花、喂鸟、钓鱼、摄影、旅游、会友、烹调生活类活动。

领域二　学科与教育教学专业知识

标　准	结 果 指 标
5. 关于学科的知识	5.1　掌握信息技术学科的课程标准中明确规定的学科知识。 5.2　了解信息技术学科的知识体系和学生技能发展体系。 5.3　加强实践训练，不断提升实践能力。 5.4　勤于了解信息技术学科的发展简史和前沿成果，不断拓展学科视野。 5.5　勤于了解信息技术学科与其他学科以及STS之间的联系，不断拓展科学视野。

5.1　掌握信息技术学科的课程标准中明确规定的学科知识。

【内容要点】

高中教师可依据《普通高中技术课程标准(实验)》，小学、初中教师可参考《中小学信息技术课程指导纲要(试行)》，掌握其明确规定的信息技术学科知识，具体内容分述如下。

(1)小学信息技术教师

小学阶段的信息技术教学侧重对基础知识和基本技能的掌握和应用，强调对信息技术和信息文化的体验和感悟，以基础入门为标志，以感悟信息文化为目标。教师应掌握的学科知识主要包括：

①深谙信息技术的应用环境及信息的一些表现形式。

②熟知信息技术在日常生活中的应用，培养学生学习、使用计算机的兴趣和意识。

③具有引导学生在使用信息技术时学会与他人合作的策略性知识，知道怎样选择与使用与年龄发展相符的多媒体资源进行学习。

④使学生具有获取信息、处理信息和应用信息的能力，发展学生的爱好和兴趣。

⑤知道如何培养学生负责任地使用信息技术，养成良好的计算机使用习惯和责任意识。

⑥了解算法与程序设计的基本概念，并与程序设计语言表达的算法形成关联，能通过编写程序解决生活中的简单问题，形成对程序设计过程和算法概念的初步体验。

(2)中学信息技术教师

中学阶段的信息技术教学侧重对信息技术基本特征的归纳和总结能力的培养，注重主动学习信息技术的意识和方法的熏陶，关注与信息素养相关的认知能力、判断能力、想象能力、批判能力的培养，以迁移应用为标志，以顺应信息文化为目标。教师应掌握的学科知识主要包括：

①增强学生的信息意识，了解信息技术的发展变化及其对工作和社会的影响。

②初步了解计算机基本工作原理，学会使用与学习和实际生活直接相关的工具和软件。

③学会应用多媒体工具、相关设备和技术资源来支持其他课程的学习，能够与他人协作或独立解决与课程相关的问题，完成各种任务。

④在他人帮助下学会评价和识别电子信息来源的真实性、准确性和相关性。

⑤树立正确的知识产权意识，能够遵照法律和道德行为负责任地使用信息技术。

⑥掌握程序设计的概念、过程、方法，能从简单生活问题出发，设计算法并体现编程思想，理解算法和程序设计在解决问题过程中的地位和作用。

5.2　了解信息技术学科的知识体系和学生技能发展体系。

【内容要点】

学科知识体系和学生技能发展体系是基础知识和基本技能的内容框架(包括组成部分和连接方式)。学科知识和技能体系是最基本的内容，是每位教师必须把握的。信息技术是一门独立的学科分支，是以计算机技术、网络技术、微电子技术为主干，结合集成电路技术、传感技术、光电技术、机器人技术等综合科学技术的学科，主要涵盖计算机系统、网络系统、信息技术与社会等方面。信息技术学科不仅使学生掌握信息技术领域的基础知识、基本技能，促进其个性化发展，还使学生学会运用信息技术增强交流与合作，勇于创新，提高解决实际问题的能力。

作为信息技术学科教师，应当了解学科的基本知识划分结构，从系统理论和方法以及实践的角度理解信息技术学科知识体系，具体如图 3-1 所

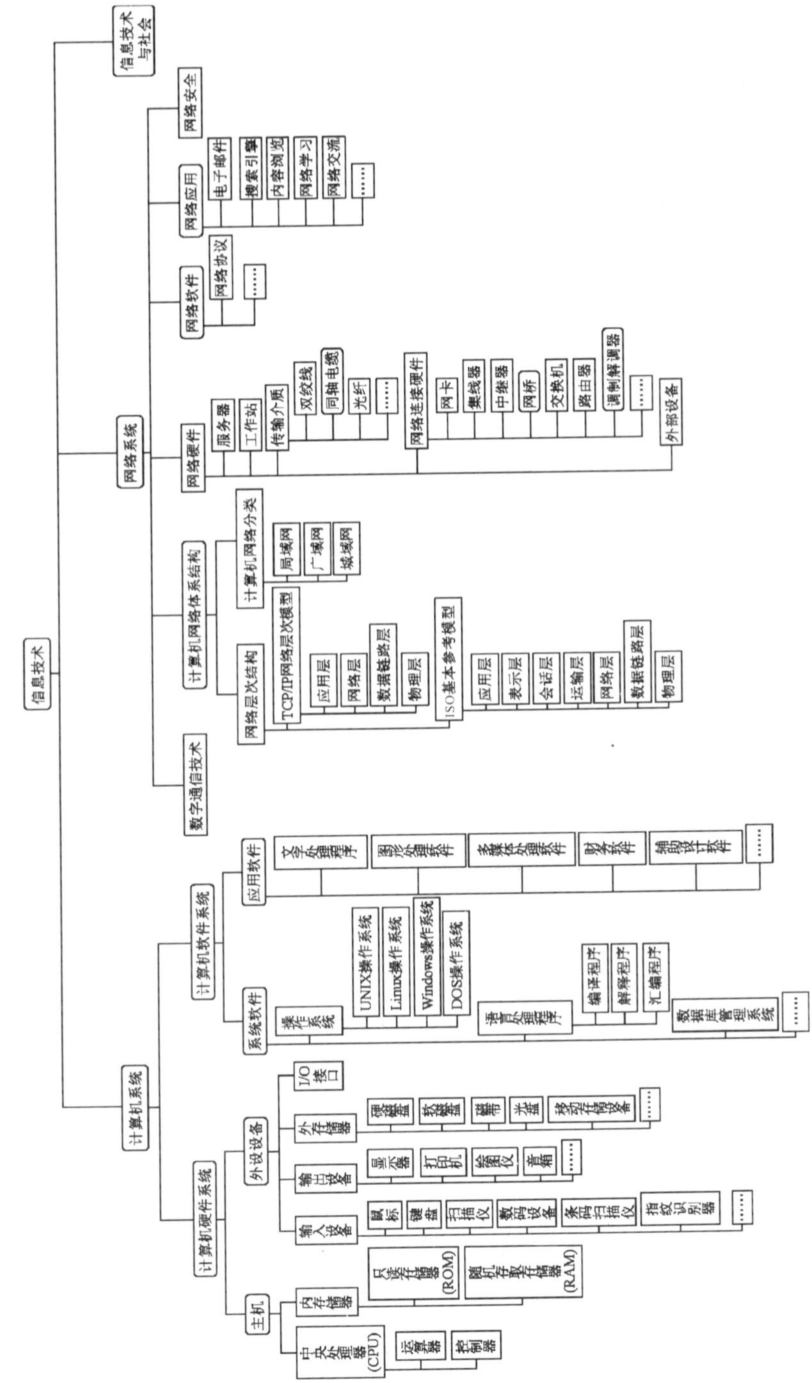

图 3-1 信息技术学科的知识体系框架示意图

示。对应于每一个子系统下的知识结构与基本概念相应的具体要求可以在课程标准中体现。

传统学科一般从底层学习起，即从原理开始学起。实践证明这种方式不适用于信息技术学科。对于中小学信息技术课程来说，必须把计算机看做是黑箱进行学习(当然黑箱是有层次的)，这是与数学、物理等学科不同的主要特点之一。

中小学信息技术课程学习的过程是从浅层次向深层次前进。每个层次可看做是一个黑箱子，例如应用软件学习时，程序内部是黑箱；程序学习时，操作系统内部是黑箱；软件学习时硬件是黑箱。所以，中小学信息技术课程是要从顶层学习起，即从应用开始学习，逐步接触到底层的一些技术和基本工作原理，我们可以用如图 3-2 来表示信息技术学科的知识和技术发展的学习特点。

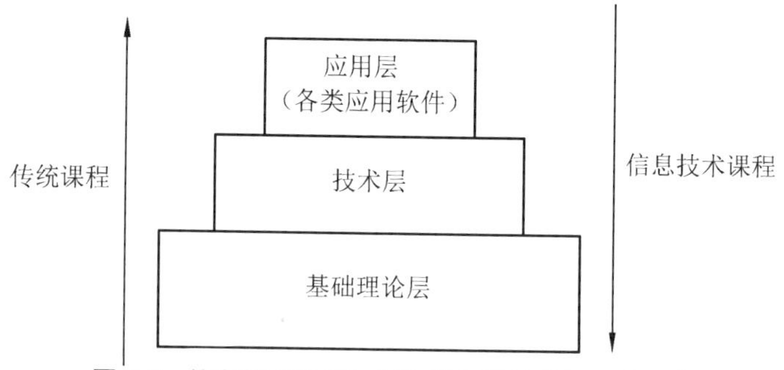

图 3-2　信息技术学科知识和学生技能发展示意图①

作为中小学信息技术教师，就要采用新的教学理念，选择与以往传统学科不同的教学方式。

5.3　加强实践训练，不断提升实践能力。

【内容要点】

信息技术课的教学过程要素除了教师、学生、教材之外，还包括教学媒体——计算机，上机操作是信息技术学科学习的一个重要手段，所以实践在信息技术课中具有毋庸置疑的重要性。信息技术课教材中安排了许多实用的、可操作的内容，以加强对学生实践技能的培养。作为信息技术教

① 谭浩强、吕品：《中小学信息技术课程研究》，第 7 页，北京，机械工业出版社，2003。

师，不但要“授之以鱼”，而且还要“授之以渔”，要不断提升自己的操作能力和实践能力，在教学过程中充分注意培养学生的实践操作能力和技术应用能力。

【举例说明】

对于实践课教学，教师应该根据不同的计算机配置情况和不同的教学内容，采用不同的方式。例如基于资源的主题探究、基于网络的合作学习、基于学生作品的交流评价的教学方式。

例如，采用教师边讲解，学生边练习的教学模式，教师课前要认真分析教材，分析学生，精心设计各个教学环节。课堂教学过程中，教师要围绕教学目标，教学重难点等内容，制作一些适合于本课使用的教学课件，很好地帮助学生解决学习中的困难和问题。教师讲课时能实时地调控学生上机、学生听讲、学生练习。这种模式具有很强的实效性，学生可以及时发现问题，提出问题，教学过程是双向的。

当然仅仅依靠课堂有限的练习要想提高学生的实践操作技能，是极其有限的。我们还可以通过选修课、活动课，甚至开放计算机实验室，增加学生上机实践机会。时间的积累只是提高学生实践操作技能的一方面，教师还应当注意对学生的实践加以监督和指导，对不同层次的学生提出不同程度的要求，各尽其能：多数学生应达到教学目的的基本要求；少数基础较差的学生经过努力要有所提高；少数基础较好的学生可以深入学习课外知识。

5.4　勤于了解信息技术学科的发展简史和前沿成果，不断拓展学科视野。

【内容要点】

信息技术学科是以培养学生的信息素养和信息技术操作能力为主要目标，如果仅仅依靠传授教科书内容是有局限性的。学科发展史和学科前沿成果具有故事性、时代性和新奇性，是课程内容的有益补充，也是提高学生科学素养的宝贵资源。教师在课堂教学中有意识地讲解有关学科发展的重要事件、重要人物，使用有关能源、材料、环境、生命等前沿领域的情景素材，不仅可以拓展学生的学科视野，而且还可以有效地帮助学生体验学科知识的形成过程，发展学生对学科、对国家、对社会以及对个人的情感、态度和价值观。为此，信息技术教师要积极通过书籍、期刊、报纸、网络等渠道搜集和学习相关资源，了解信息技术学科的发展简史和前沿成果，不断拓展学科视野。

5.5 勤于了解信息技术学科与其他学科以及STS之间的联系，不断拓展科学视野。

【内容要点】

STS是科学(science)、技术(technology)、社会(society)的简称，STS教育强调理解科学、技术和社会三者的关系；重视科学、技术在社会生产、人们生活中的应用；重视科学的价值取向，要求人们在从事任何科学发现、技术发明创造时，都要考虑社会效果。

在信息技术学科教学中实施STS教育可以提高学生利用信息技术有效开展各学科学习和探究活动、积极参与社会实践、主动进行终身学习的能力；可以拓展学生适应现代社会生活所需的信息技术技能，巩固信息素养和技术创新意识。信息技术教师要在教学过程把信息技术学科与其他学科紧密联系起来，打破学科之间的界限，帮助学生整合科学知识，从而更好地提升学生的科学素养。

标　准	结果指标
6. 关于学生的知识	6.1　了解教育心理学以及其他相关学科关于学生的知识，具有将其应用于信息技术学科教学的意识。

6.1 了解教育心理学以及其他相关学科关于学生的知识，具有将其应用于信息技术学科教学的意识。

【内容要点】

信息技术教师能够了解教学情境中“学与教”互动过程特点；了解行为主义学习理论、认知派学习理论以及人本主义学习理论的基本观点及其局限性。掌握建构主义理论的知识观、学生观和学习观的基本观点等，并应用于教学和指导学生的学习；了解学生学习的实质、类型、学习过程和个体差异；了解学生知识的获得、技能形成以及态度与品德形成的心理过程、影响条件等，并能指导教学；了解学习动机理论，注重激发学生的学习兴趣，促进知识的意义建构，关注学习迁移能力的生成以及学生良好品德行为的形成；引导学生掌握学习策略，逐步学会自我调节学习，提高自主学习能力；注重培养学生的创造性思维和问题解决能力。

【举例说明】

同样为“计算机系统组成”的教学内容，由于小学生和中学生的年龄、心理特征不同，教学设计中考虑的角度也是不同的。作为此阶段的教师要意识到，小学侧重在使用上，以兴趣为基点，可以淡化复杂的原理。中学在小学掌握的基础上，考虑到中学生的自我意识、自我成就动机感比较强，不需要教师一步步去讲很多的知识，而是需要教师循序渐进地去引导，进行巧妙的设计且设计的每一个环节和问题要有一定深度，具有思考价值，可适当地讲授一些基本工作原理。教师只有了解了教育心理学等相关学科教学知识，才会有意识地将教育教学理论用于信息技术学科的教学之中，才能让自己的教学设计符合学生认知规律及特点。

标　准	结果指标
7. 关于课程的知识	7.1　了解信息技术学科的课程性质、课程目标、课程内容、课程组织和课程评价等知识。 7.2　了解课程改革中提出的理念，并努力实践课改中倡导的价值与行为。

7.1　了解信息技术学科的课程性质、课程目标、课程内容、课程组织和课程评价等知识。

【内容要点】

中小学信息技术课程是为了适应技术迅猛发展的信息时代对人才培养提出的新要求而设置的必修课程，是以培养学生的信息素养和信息技术操作能力为主要目标，以操作性、实践性和探究性(创新性)为特征的指定学习领域。

义务教育阶段信息技术教育的课程目标为培养——发展学生积极学习和探究信息技术的兴趣，养成——巩固良好的信息意识和健康负责的信息技术使用习惯，形成——提高信息处理能力，培养——强化学生使用信息技术支持各种学习和解决各类问题的意识和能力。义务教育阶段信息技术教育强调，学生在实践活动中，体验借助计算机和网络获取、处理、表达信息并用以解决实际问题、开展学科学习的过程；活动中理解感知信息的重要性，分析信息编码以及利用计算机等常见信息处理工具处理信息的一般过程；积极参加信息技术活动，主动探究信息技术工作原理和信息科技的奥秘。

普通高中信息技术课程的总目标是培养学生的信息素养。本标准将信息素养概要地描述为：信息的获取、加工、管理、呈现与交流的基本能力；对信息及信息活动的过程、方法、结果进行评价的能力；流畅地发表观点、交流思想、开展合作并解决学习和生活中的实际问题的能力；遵守道德与法律法规，形成与信息社会相适应的价值观和责任感。

义务教育阶段信息技术教育内容分为基础性内容和拓展性内容。基础性内容是学生运用信息技术开展学科学习和综合实践活动，适应现代社会生活的必要基础，这是必修内容。拓展性内容是针对信息技术条件较好的地区以及在信息技术方面学有余力的学生设置的选择性学习内容，以引导学生在信息技术学习的广度和深度上进一步发展，即选修内容。小学的选修内容包括机器人教学和程序设计语言。中学的选修内容有机器人教学和基于汉语编程语言的程序教学。

高中信息技术课程内容的设计应注意如下三点：第一，有利于学生个性发展的课程结构形式；第二，切实针对学生身心发展特点的课程内容；第三，信息技术应用能力与人文素养培养相融合的课程目标。包括必修与选修两个部分，共包括六个模块。必修部分只有一个模块“信息技术基础”。它与九年义务教育阶段相衔接，是信息素养培养的基础，是学习后续选修模块的前提。选修部分包括“算法与程序设计”“多媒体技术应用”“网络技术应用”“数据管理技术”和“人工智能初步”五个模块。

信息技术课程组织是经教学法加工而成的，加工的一个重要方面就是要符合学生的认知规律。具体的教学方法可以有多种，如总结法、任务驱动法、评价表、探究法、讲述法……

信息技术课程评价方式采用多元化的评价方式。主要包括过程性评价和总结性评价。过程性评价通常包括前置性评价、诊断性评价、表现型评价、评价量规、限定性评价、拓展性评价等。总结性评价依据过程性原则和人性化原则，是从技术课程到素养培养的全面评价。

7.2 了解课程改革中提出的理念，并努力实践课改中倡导的价值与行为。

【内容要点】

新课程改革强调“以学生为中心”的“人本主义”，认为教学的实质是以发展学生的心智能力为主，课堂教学应以“学生为中心”，而非以“教师为中心”。信息技术教师具体可以从以下几个方面入手。

(1)认真筛选，找出最佳教学方式，其标准是：联系实际、发人深省、给人启迪，能唤醒学生的主体意识；提高学生的分析、综合、发散、聚合、观察、想象等思维能力。

(2)巧妙设疑，步步引导，层层剥茧，引导学生解决问题。

(3)引导学生在学习时从技能性向工具性转变，从“玩”电脑到“用”电脑的转变，帮助学生用电脑解决实际问题，纠正沉迷于游戏或网络的不良习惯。

(4)新课程改革鼓励通过实践活动进行有效的学习，要求把教师向学生硬性灌输变成学生主动探求知识，主动向教师请教，变被动学习为主动学习，充分调动学生学习的主动性与积极性，使学生在身心潜能得到充分发挥的同时，既掌握知识，又得到乐趣，收到良好的效果。

(5)新课程改革能够使学生的特长和个性得到展示、发展和提高。在教学模式上大多以传统的讲练结合与目前大力提倡的自主探究性学习模式相结合。

标　准	结果指标
8. 关于教学的知识及学科教学知识	8.1　了解信息技术学科的一般教学过程、教学目标、教学内容、教学策略、教学媒体、教学评价等方面的知识，并知道其适用范围。

8.1 了解有关信息技术学科的一般教学过程、教学目标、教学内容、教学策略、教学媒体、教学评价等方面的知识，并知道其适用范围。

【内容要点】

教学过程是一种特殊的认识过程，也是一个促进学生身心发展的过程。

在教学过程中，教师有目的有计划地引导学生能动地进行认识活动，自觉调节自己的志趣和情感，循序渐进地掌握科学知识和基本技能，以促进学生的全面发展。教学过程主要包括制定教学目的、编拟教学过程、选择教学策略、组合教学手段、设计教学评价等。

教学内容是学与教相互作用过程中有意传递的主要信息，一般包括课程标准、教材和课程等。

教学目标是教学活动实施的方向和预期要达成的结果，是一切教学活动的起点和归宿。教学目标是教学与学习活动追求的方向与结果，是教学设计与实施的核心，制约着整个教学过程，是学习效果评价的依据，是师生努力的主要动力，是社会发展对学习者的要求与期望在教学活动中的体现。

教学活动中选择与运用恰当的教学方法是达到优化教学的重要前提。一般常用的教学方法有讲授法、演示法、讨论法、训练和实践法、合作学习法、示范模仿法、强化法。具体使用哪种方法，需要教师结合具体教学内容不断地尝试和探索，根据教学目标、学生特点、学科特点、教师特点、教学环境、教学实践、教学技术条件等诸多因素来选择教学方法。

教学媒体是指直接加入教学活动，在教学过程中传输信息的手段。传统的书本、黑板以及随后出现的幻灯机、投影仪、电视机等教学媒体在教学中主要发挥教学手段的作用，辅助教师传递教学信息。而目前迅速发展的多媒体技术、虚拟现实技术、人工智能技术等不再是单纯的教学手段，它还可以为学生创设多种学习环境，提高学习的效率，可以作为学生的认知和学习工具，培养学生的思维能力和解决问题的能力。在现代教学中，媒体发挥着越来越重要的作用。

教学策略是为实现某一教学目标而制定的、付诸教学过程实施的整体方案，它包括合理组织教学过程，选择具体的教学方法和材料，制定教师与学生所遵守的教学行为程序。

教学评价是以教学目标为依据，运用可操作的科学手段，通过系统地收集有关教学的信息，对教学活动的过程和结果作出价值上的判断，并为被评价者的自我完善和有关部门的科学决策提供依据的过程①。教学评价

① 施良方、崔允漷：《教学理论：课堂教学的原理、策略与研究》，第 330 页，上海，华东师范大学出版社，1999。

一般包括对教学过程中教师、学生、教学内容、教学方法手段、教学环境、教学管理诸因素的评价，但主要是对学生学习效果的评价和教师教学工作过程的评价。教学评价的两个核心环节：对教师教学工作(教学设计、组织、实施等)的评价——教师教学评估(课堂、课外)；对学生学习效果的评价——考试与测验。评价的方法主要有量化评价和质性评价。

标 准	结果指标
9. 科学与人文素养	9.1 具有扎实的科学知识基础，形成较高的科学素养，能够运用自己的科学知识指导学生的学习。 9.2 充分利用信息技术手段，广泛地涉猎哲学、文学、历史等知识，提高人文素养，在教学中具有渗透传承中华优秀文化的意识。 9.3 具有获取、评价、处理和应用信息的能力，有一定的信息素养，有培养学生信息素养的意识和行动。

9.1 具有扎实的科学知识基础，形成较高的科学素养，能够运用自己的科学知识指导学生的学习。

【内容要点】

科学素养是指运用科学基本观点理解自然界并能做出相应决定的能力，也指能够确认科学问题、使用证据、做出科学结论并就结论与他人进行交流的能力。其内涵主要包括：掌握科学术语、常识和基本观点；了解科学方法和科学探究过程；认识科学对个人和社会的影响。

教师的学科视野不应该仅仅局限于任教学科的课程范围。为了提高学生的科学素养，教师首先应该提升自身的科学素养。积累足量的科学知识是提升科学观念的前提和基础，有了这个前提和基础才能更好地把任教学科的知识和方法与其他学科融会贯通起来，才能引导学生更好地利用科学观念解决实际问题。

【举例说明】

由于教师比较重视合理科学的膳食结构和习惯，因此能够想到设计一个主题为“早餐如何吃更科学”的综合应用任务，要求学生通过互联网查找科学资料，利用文字处理软件做成小组简报贴在班级板报栏内，最后还要求利用演示文稿进行科学辩论展示。学生在完成该任务的过程中，了解有关合理膳食的营养早餐的相关知识，完成信息技术课堂要求的信息搜索、筛选、评价、处理和应用的任务，达到提高信息素养的目的。同时在教学中向学生渗透了尊重科学、崇尚科学的思想教育。

9.2　充分利用信息技术手段，广泛地涉猎哲学、文学、历史等知识，提高人文素养，在教学中具有渗透传承中华优秀文化的意识。

【内容要点】

信息技术学科教学不仅需要教师有较高的科学素养，也需要一定的人文素养，特别是引导学生在情感、态度、价值观等方面得到发展更需要教师具有较高的人文素养。人文素养包括人文知识、人文态度和人文精神三个方面，教师的人文素养就是教师所具有的人文精神以及在教师的日常活动中体现出来的思想、道德、情感、心理、性格、思维模式等方面的气质和修养。人文知识是形成人文素养的基础，涉及哲学、文学、历史、艺术等领域的知识，教师要广泛地阅读和学习，积淀深厚的人文知识，为发展人文态度和人文精神打下基础。

中华优秀文化既包括源远流长的传统文化，也包括传统文化发生剧烈演变的近代文化与现代文化，她是中华文明演化而汇集成的一种反映民族特质和风貌的民族文化，是居住在中国地域内的中华民族及其祖先所创造的、为中华民族世世代代所继承发展的、具有鲜明民族特色的、历史悠久、内涵博大精深、传统优良的文化。她不仅记录了中华民族和中国文化发生、演化的历史，而且作为世代相传的思维方式、价值观念、行为准则、风俗习惯，渗透在每个中国人的血脉中。

在信息多元化的今天，教师利用信息技术，可以多角度、全方位、立体化地涉猎各方面知识，了解中华优秀文化，并在信息技术课程教学中有意识地渗透中华优秀文化。

【举例说明】①

教师在计划讲授画图程序中有关着色工具的使用时，设计一个卡通京剧人物小花旦作为课程主线。教师给出小花旦的图片后，首先通过分析京剧小花旦天真、活泼、可爱的人物性格，引导学生思考性格与颜色的关系，

① 案例来源：由北京市通州区育才小学分校张福燕提供。

由此引导学生回忆画图软件中的工具，思考可以用来为小花旦着色的图形填充工具的种类、用法、颜色选择等技术问题，最后布置任务，让学生为小花旦面部填充肤色，通过修补不封闭图形为小花旦的衣服填充颜色、为小花旦增加头饰等。学生自由创作，为小花旦穿上了自己设计的衣服、戴上自己绘制的头饰，掌握快的学生还有时间为小花旦绘制了演出背景。在完成任务的过程中，学生不但学会了刷子、喷枪和油漆桶三种工具的颜色填充方法，京剧的知识也在潜移默化中得到了渗透，加深了学生对中华传统文化的理解。下图为教师上课时提供的小花旦原型和着色后的作品。

9.3　具有获取、评价、处理和应用信息的能力，有一定的信息素养，有培养学生信息素养的意识和行动。

【内容要点】

信息素养指迅速地筛选和获取信息、准确地鉴别信息的真伪、创造性地加工和处理信息以及运用信息技术的能力。完整的信息素养应包括三个方面：文化素养(知识层面)，信息意识(意识层面)，信息技能(技术层面)。[1]

① Loertcher，D. V. & B. Woolls，The Information of Literacy Movement of the School Library Media Field：A Preliminary Summary of the Research，AIA & AECT，1998.

中小学信息技术教师要从知识、技能、情感态度价值观三方面掌握信息素养的要求，具体做到：

(1)能够快速而有效地获取信息。

(2)能够熟练地批判性地评价信息。

(3)能够精确地创造性地使用信息。

(4)能够探求与个人兴趣有关的信息。

(5)能够欣赏作品和其他对信息进行创造性表达的内容。

(6)能够在信息查询和知识创新中做得更好。

(7)能够认识信息对社会的重要性。

(8)能够履行与信息和信息技术相关的符合伦理道德的行为规范。

(9)能够积极参与小组活动来探求和鉴别信息。

信息技术学科教师除了自己具备一定的信息素养外，还要有培养学生信息素养的意识和行动，根据上面的要求，可从如下八个方面培养学生的信息技术素养：运用信息工具的能力、获取信息的能力、处理信息的能力、生成信息的能力、创造信息的能力、发挥信息的效益的能力、信息协作的能力以及信息免疫能力。这些能力是围绕个体学习者适应信息化社会而提出的，随着信息时代的迅猛发展，这些能力越来越显示出重要性和紧迫性，也是对信息技术学科教师提出的要求和希望。

维度二　专业实践

领域三　促进学生的学习与发展

标　准	结 果 指 标
10. 创设良好的学习环境	10.1　建立良好的师生关系，创设安全的信息技术学习环境和友爱互助的学习氛围。

10.1　建立良好的师生关系，创设安全的信息技术学习环境和友爱互助的学习氛围。

【操作要点】

创设安全的信息技术学习环境，教师应做到：

(1)能够针对学生个性特点和学科学习需要更新教室布置。

(2)能够在教室中设置鼓励和展示学生创作的电脑作品。

(3)能够针对计算机教室的计算机、交换机等设备进行用电常识的安全教育。

(4)能够结合网络学习内容对学生进行网络安全教育。

(5)能够针对学生个性特征和学习需要选择相应的媒体资源。

创设友爱互助的学习氛围，教师应做到：

(1)能够尊重学生的个性和隐私。

(2)能够和学生建立融洽的师生关系。

(3)能够关注到每个学生的个性特征、学习状况和需求。

(4)能够针对信息技术学科学习特点，采取同伴互助、协作学习等有效措施鼓励不同学生之间互相帮助。

(5)能够关注到学生中的弱势群体，并倡导全体学生提供帮助。

【举例说明】

用电安全与信息安全教育

现在大多数信息技术课程都是在计算机房进行教学，为此教师要重视学生的用电安全教育和信息安全教育：一、计算机正常运行情况下，要叮嘱学生不能随意触摸、蹬踏电源插座盒及电源开关。二、告诉学生要按照正确的操作方法关闭计算机。三、讲授网络课程时，要教育学生不得随意浏览不安全、不健康的网页，必须遵守网络道德与信息安全。四、要熟悉多媒体网络机房的各种设备，教育学生自觉爱护各种用电设备，善于利用这些设备创设良好的课堂学习氛围，促进开展正常的课堂教学。

标 准	结果指标
11. 设计合理的教学方案	11.1 能够基于信息技术学科课程标准、学习内容、学习者分析，确定教学目标并进行正确的表述。 11.2 熟悉教材内容，学会分析教材，确定学习重点。 11.3 能够从学习内容、学情分析以及学生的心理特点和生活经验出发，确定学习的难点。 11.4 能够依据教学目标，合理地选用教学资源与媒体设备，学会设计教学进程。 11.5 能够根据教学目标设计合理的评价方式。 11.6 能够提供一定的学习资源。

11.1 能够基于信息技术学科课程标准、学习内容、学习者分析，确定教学目标并进行正确的表述。

【操作要点】

教学目标是通过教学活动学生预期获得的行为结果。教师能够用具体实例，很好地诠释信息技术学科课程标准、学习内容，能够在教学设计中关注学生的学习基础(知识、方法)，正确表述教学目标。确定教学目标的具体步骤如下：

(1)通过对课标及学习内容的分析，确定完成教学目标须掌握的各知识点与技能要求。

(2)通过对学习者初始能力的分析确定教学的起点。

(3)在教学内容和学习者分析的基础上，明确、具体、详细地阐明通过教学而使学生在教学活动中所要达到的学习结果或标准。

(4)教学目标的表述特点是具体、可观察、可测量、可操作，一般用“行为主体＋行为条件＋行为方式＋行为结果”的形式表述。

【举例说明】

设计电子板报——Word的综合应用①

在教学活动中，要想使教学目标充分发挥激励作用，教师应当在研究学生的兴趣、动机、意志、知识和能力水平以及他们的个别差异上下工夫，只有这样，才能够把握住学生学习的“最近发展区”。下面，以“设计电子板报”为例，分析如何确定教学目标。

1. 课程标准和学习内容(略)

2. 对学习者分析

(1)认知及基本学习能力

在此之前学生已经基本学会了在Word中插入图片、文本框、艺术字的相关知识，同时具备了一定的审美能力，对于与学习生活紧密相关的设计电子板报这样一个主题具有较大的兴趣，能够激发起学生创作的欲望。但是学生的学习基础差异较大，审美能力各有不同。因此，在设计任务时要注意任务的层次性和激发兴趣的持续性。

---

① 本案例教学内容来自北京版初中信息技术教材第4册。

(2)学习特点

学习对象为初一学生，虽然对信息技术有着浓厚的学习兴趣，但是计算机基础操作熟练程度不一，对学习信息资源的获取、加工、处理与综合运用能力有一定的差异性。

(3)学习习惯

初一学生已经逐步形成了自学能力，但是独立探究与自主学习能力有待培养。初一学生倾向于独立学习，但团队交流与协同讨论能力有待培养。

3. 教学目标

在课程标准、学习内容、学习者分析基础上，确定的教学目标如下：

(1)熟练掌握在Word中综合运用图片、艺术字、背景和文本框的使用方法。

(2)通过启发引导、梳理归纳总结制作电子板报的方法，提高学生自主探索和综合应用的能力，发挥学生的设计才能和创新精神，并学会正确评价作品。

(3)通过欣赏优秀电子板报，提高学生审美水平和综合设计及解决问题的能力。

4. 教学重点

插入对象(图片、艺术字等)相互之间的色彩搭配、位置摆放的合理设置。

5. 教学难点

插入对象(图片、艺术字、文本框)的版式和线条颜色的设置。

当然，本节课的教学目标的确定仅仅是一个预设，如想有效地达成这个教学目标，还需要教师在课堂上付诸实施，加以验证，才能很好地说明这个教学目标的制定是可行的，因此教师在确定教学目标时要认真通读教材，研究学生的学习情况。

11.2 熟悉教材内容，学会分析教材，确定学习重点。

【操作要点】

学习重点是通过认真进行教材分析的基础上确定的。教师分析教材对于确定一节课的学习重点起着至关重要的作用，熟悉教材内容后，如何分析教材，需要教师从以下几方面很好地把握：

(1)依据《中小学信息技术课程指导纲要》及《普通高中技术课程标准(实验)》信息技术部分。

(2)教材的地位和作用(要让学生清楚这部分教学内容的重要性等)。

(3)教材的特点及教学内容的确定(编者的意图，教学内容的取舍)。

(4)教材的编写结构(知识间的相互关联、能力的分析、情感态度价值观等)。

(5)教材参考资料的借鉴(相关的参考书)。

【举例说明】

“获取信息——下载资料”一课教学重点的确定

1. 教学分析

本课的教学设计意图是让学生通过获取网络上的图片、文字、网页等资料，学会下载的操作方法以及了解下载的整个实现过程，学会获取信息的基本方法。采用任务驱动方法，较好地体现出以学生为主体的教学理念，以学生自主学习为核心，积极引导学生探究，使学生通过实践掌握保存网页、文字、图片的操作技术和方法。

2. 学生分析

有的学生已经能熟练地上网，下载各种信息；有的学生只是刚刚了解上网知识。

3. 教学目标

通过以上分析，本课的教学目标确定为如下几点：

(1)学会下载网页、图片、文字的方法。

(2)使学生在完成具体学习任务的过程中，学会多种下载网上信息的方法。

(3)根据任务要求，结合下载的资料，对资料进行筛选。

(4)使学生初步具有尊重知识产权的意识，渗透对学生信息道德的养成教育。

此案例使学生在学会下载资料后，对资料进行有目的的筛选。由此可见教师确定的教学目标比较合适。如果教师考虑的内容不全面，会影响教学目标的制定，以至于在课上影响学生的学习效果。

4. 教学重点

根据学习内容和学生特点，本课学习重点有以下两点：

(1)学会下载网页、图片、文字的方法。

(2)根据任务要求，结合下载的资料，对资料进行筛选。

5. 教学难点

结合下载的资料，对资料进行筛选，逐步提高鉴别信息资料的能力。

6. 说明情况

新教师的困惑和问题往往是一方面不知道从何处入手进行学生分析，抓不住重点。另一方面对教材版本、教材分析中的问题估计不足，但经过若干年的学习与提高，教师到了成熟阶段后，对教学设计中的相关问题及教学要素的考虑将会有很大的提高。

11.3 能够从学习内容、学情分析以及学生的心理特点和生活经验出发，确定学习的难点。

【操作要点】

学习内容分析、学情分析等对于确定一节课的学习难点起着至关重要的作用，需要教师从以下几方面很好地把握。

(1)学习内容分析：前期分析、任务分析、设计考虑及意图分析等。

(2)学情分析：授课对象、学生已有知识掌握情况、学生已有的技能掌握水平和初步具有的能力、学生的学习方法，还要分析学生心理特点和学习差异性以及学生相关的生活背景知识。

(3)学习难点：指学生学习起来有困难的知识、技能、方法等。要能够对学生学习新内容的知识以及已有的知识水平，认知上的冲突进行分析，能够通过以往的教学经验判断或诊断出学生在学习新知识的过程中哪些内容、哪些方法容易形成学习的障碍和困难，从而确定难点。

【举例说明】

“申请电子邮箱”一课学习难点的确定①

1. 学习内容及学情分析

通过创设教学情境，激发学生学习兴趣。在情境中帮助学生了解电子邮件及其发送过程。体验申请免费电子邮箱过程中，设置用户名和密码的重要性，引导学生体会使用电子邮箱可以方便地与他人进行交流，使学生

① 本案例教学内容来自北京版小学信息技术教材第2册，案例由北京市西什库小学桑惠波提供。

获得“融会贯通的知识结构”和“基本技能”方法。让学生拥有属于自己的电子免费邮箱，可以方便、快速地与教师、同学还有其他认识的小朋友进行交流，其费用低、节省时间、方便学习和交流。

2. 学习目标

根据学习内容和学生特点，确定本课学习目标：

(1)了解什么是电子邮件、电子邮箱以及电子邮箱地址的组成。

(2)学会在网上申请免费的电子邮箱及正确合理地设置用户名和密码，并体验使用电子邮箱与他人进行信息交流带来的便捷。

(3)知道设置密码的重要性，引导学生形成良好的网络信息安全意识。

3. 学习难点

根据学习内容和学生特点，确定本课学习难点。

通过正确、合理地设置电子邮箱的用户名和密码，使学生初步具有良好的网络安全意识。

4. 难点分析依据

一般情况下，教师更多地关注对学生操作技能的训练，而忽视对基本概念的理解。本节课是学生第一次接触电子邮箱，要让学生不仅关注知识、技术等方面的学习，更要关注网络信息安全意识的养成，据此将这部分内容设置为本课的教学难点。

对于新手教师来讲，能够确定教学难点需要在日常的教学中不断积累教学经验。因此，建议年轻的教师们要善于读书、善于学习、善于积累、善于反思。

11.4 能够依据教学目标，合理地选用教学资源与媒体设备，学会设计教学进程。

【操作要点】

乌美娜教授提出的教学设计一般模式认为，教学设计一般要从学习需求分析出发，经过学习内容分析和学习者分析后，开始阐明学习目标，然后确定教学策略以及选择教学媒体，最后进行教学设计的评价。经过评价后，对于前面的工作结果进行修改。

这一模式从形式上看，可以表达两种内容：一种是教学设计工作的基本流程，即教学设计的各种操作步骤以及这些操作步骤之间的顺序关系；

另一种是教学设计的技术原理，即教学设计各操作步骤间的依赖关系。教学设计要考虑到教学流程的连贯性和层递性。

一节好课，不仅要做到教学内容明确，教学重点突出，还要做到教学环节清楚，教学过程流畅。因此，教师在备课时，首先根据所教学科的特点，根据所教班级学生的学习状况来设计教学内容和教学环节。这些教学内容要充分体现完整性、连贯性和层递性，即每个教学环节之间，能够构成一个线性的甚至是立体的流程，如图 3-3 所示。

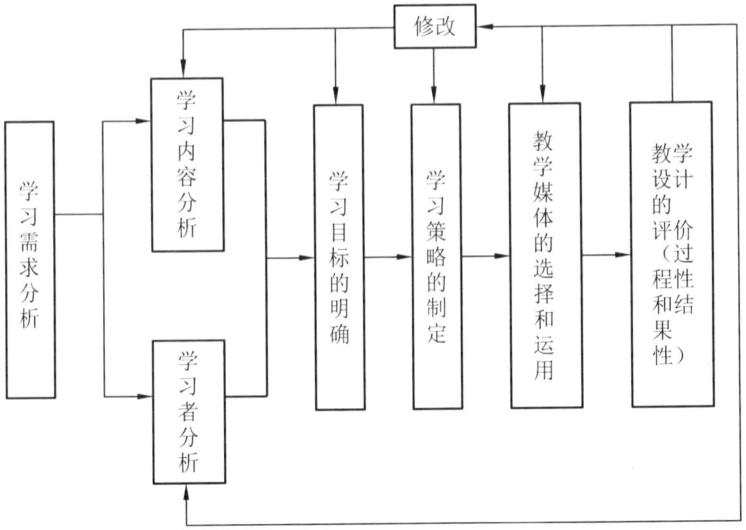

图 3-3 教学环节流程图

教师设计教学进程或教学过程要考虑：合理地安排教学流程；以学生为学习主体设计活动；策略的选择。

(1)合理地安排教学流程要考虑：

①教学目标要落实完成。

②教学重点要突出。

③流程安排兼顾了知识逻辑和学生认知逻辑，具有开放性和生成空间。

④有对教学环节时间的预计。

(2)以学生为学习主体设计活动要考虑：

①重点活动的设计能够保证重要目标的落实。

②活动能够激发学生的学习积极性，启发学生思维。

③对活动间的联系进行设计，对活动效果的观测有预案。

(3)策略选择要考虑：

①根据教学目标内容，合理采用互动交流、小组合作、多媒体演示等教学技能。

②采用有效的教学手段，能够有效地突破教学中的难点。

③灵活运用语言、板书、强化、反馈等基本教学技能，提高教学效果。

为了有效地达到设计教学进程合理、完成预设的教学目标，恰当地解决教学中的重难点，教师还要考虑选用教学资源与媒体设备的合理性。

教师在设计教学过程的难度程度与教学资源的合理运用方面有着紧密的联系。如果设计的课件信息量过大，课件显示不分主次，难免重点不突出，信息过多或者泛泛，都会给学生的学习带来很多的问题，使学生被动地接受，缺乏思考的过程。并且在多媒体课件中插入过多的动画或视频文件，也容易分散学生注意力。因此，有效合理地选择教学资源，合理、科学、规范地运用多媒体设备对教学目标的制定以及教学过程的设计起着至关重要的作用。

在教学过程中，每一个环节都是相对独立的，但各自又发挥着独特的作用，同时环节之间又是彼此关联、相互衔接的。下面以“图像处理——修饰数码照片”一课为例。

【举例说明】

“图像处理——修饰数码照片”一课教学进程①

本课教学内容是“修补工具”的使用。在PhotoShop学习中，工具、命令比较繁多。采取逐一分析—讲授—练习的方式，学生学习知识量是有限的。因此，在第1单元学生掌握了PhotoShop基本操作方法的基础上，考虑到五年级学生不仅具有上机实践能力，而且拥有一定的自学能力，能较快阅读一段文字，具有通过“自学帮助”辅助自己学习的能力。所以第2单元重点教会学生利用“帮助”菜单辅助自己的学习。培养学生阅读、分析的能力，激发学生自主探究学习的意识。据此，本课设计思路如下。

环节一：复习旧知识，进入新知识学习，帮助学生建立新旧知识间的

① 本案例教学内容来自西城区PhotoShop自编校本教材第2单元，案例由北京市育翔小学梁霞提供。

联系。

环节二：通过“自学帮助”进行自主探究，完成“修补工具”的学习。

环节三：师生分析解读“帮助”，继续学习“修补工具”的使用技巧。

环节四：利用所学知识，巩固完成3种修复工具使用小技巧的练习。

环节五：师生总结与评价，拓展延伸学习任务。

说明：经验缺乏的教师在把握教学环节上，处理得比较繁杂，即问题表述得不清晰，反映在课堂上就是表现出急躁等畏难情绪，以至于影响学生的学习效果。这些都需要教师经过长期不懈的努力、日常积累和不断的教学反思才能逐步改进。

11.5　能够根据教学目标设计合理的评价方式。

【操作要点】

美国学者布卢姆(Benjamin B. Bloom)认为，教学评价按照其作用可分为诊断性评价、形成性评价和终结性评价三种方式。诊断性评价一般是指在某项教学活动开始之前对学生的知识、技能以及情感等状况进行的预测。形成性评价，是对学生日常学习过程中的表现、所取得的成绩以及所反映出的情感、态度、策略等方面的发展做出的评价。终结性评价是指学期或学年结束后进行的总结性评价。教学评价必须以教学目标为依据，制定科学的标准，运用一切有效的技术手段，对教学活动的过程及结果进行测定、衡量，并给以价值判断。

信息技术学科的重要目标是培养学生的信息素养、综合能力和创新能力思维。信息技术学科与其他学科相比，更注重实践性和操作性。为了在教学评价中实现信息技术学科的教学目标，教师在教学设计中要注重多元评价方法的综合运用，比如教师评价、生生评价、小组评价、学生作品展示评价、设计评价量表让学生自评，以及整合学科进行全方位评价等，最终促进信息技术学科教学目标的达成。

【举例说明】

“图像处理——修饰数码照片”一课的教学评价

1. 教学过程中教师对学生自学效果、演示讲解等给予激励式的语言评价。这种评价贯穿教学始终。

2. 在作品展示环节中，采取学生互评的方式。这样的评价方式为学生搭建了相互学习的平台，使学生获得更多新知。通过学生互评，培养学生评价的能力，同时也可以使学生通过他人的评价发现自己作品的不足，促进学生作品的进一步完善。

3. 针对学生的学习效果和作品质量进行总结性的评价。

评价量规：

图片选择	评价内容	评价等级			备注
		好	一般	较差	
较易（ ）	能恰当选择修复图片工具				
一般（ ）	能恰当选择“源”和“目标”				
较难（ ）	能完美修复好图片				

11.6 能够提供一定的学习资源。

【操作要点】

学习资源是指教学设计、实施和评价等整个教学过程中可利用的一切人力、物力以及自然资源的总和，包括教材、老师、学生、家长以及学校、家庭和社区中所有有利于实现教学目标，促进教师专业成长和学生有个性地全面发展的各种资源。一般包括文本、图形图像、音频、视频、动画。恰当选择和使用学习资源能体现一定的教育价值。

【举例说明】

“春天在哪里——在 Word 文档中插入图片”一课的教学资源准备①

本课是在学生已经能利用 Word 编排出一篇比较规范的文章的基础上，对文章进一步美化，在文章中插入图片，使文章图文并茂。教学设计以“寻找春天”为主线，结合学生本学期学过的语文课文，使学生在熟悉且愉悦的体验活动中掌握插入图片的方法以及能对插入的图片进行大小、位置、裁剪、旋转等操作，能够根据需要选择合适的环绕方式，达到为今后的学习生活服务的基本目的。

为此，教师利用计算机教室的网络交流平台资源，在准备好教学课件外，还准备了学生所用图片及文档、学习帮助卡、评价表等学习资源。下

① 案例来源：由北京市东方小学张霞提供。

面列举出部分学案资源：

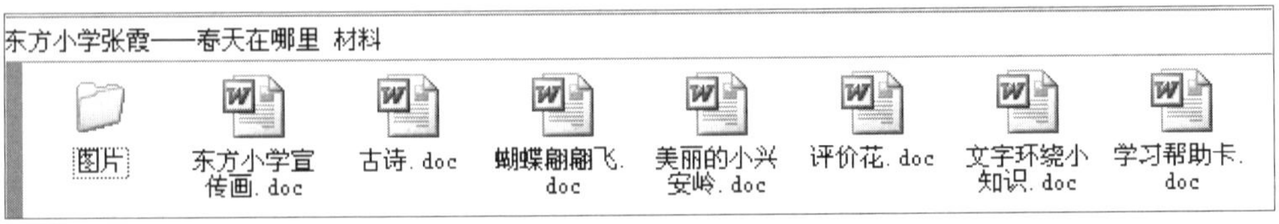

图 1　教师课前准备的资源文件夹

美丽的小兴安岭

我国东北的小兴安岭，有数不清的红松，白桦，栎树……几百里连成一片，就像树的海洋。

小兴安岭的树海一年四季都是美丽的。

春天，树木抽出新的枝条，长出嫩绿的叶子。山上的积雪融化了，雪水汇成小溪，淙淙地流着。溪里涨满了春水。小鹿在溪边散步。它们有的俯下身子喝水；有的侧着脑袋欣赏自己映在水里的影子。

图 2　准备插入图片的课文内容文档

图 3　供学生练习的学案

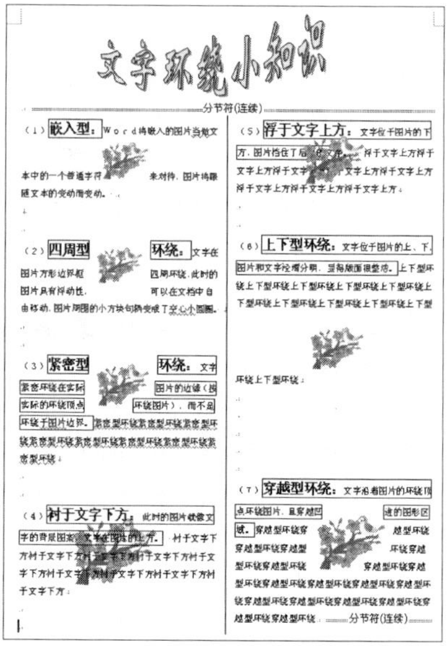

图 4　帮助材料一：文字环绕小知识学案

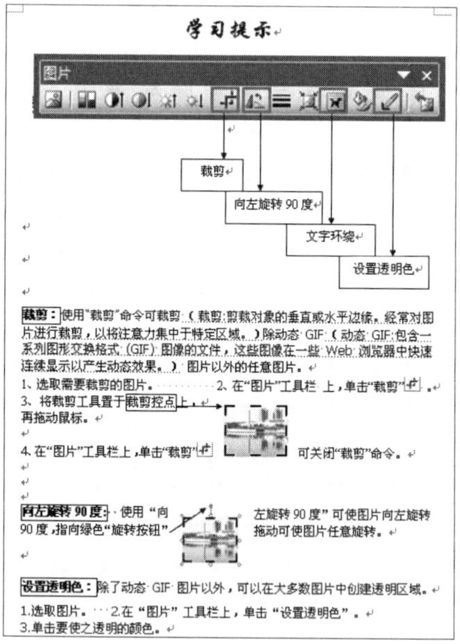

图 5　帮助材料二：学习提示学案

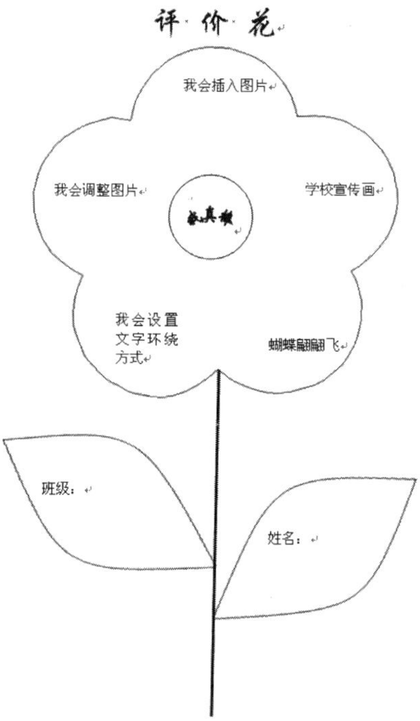

图 6　教师准备的学生评价花

标　准	结果指标
12. 实施有效的教学活动	12.1　能够吸引学生注意力，激发学生学习兴趣。 12.2　能够合理安排教学时间，注意上机与讲授的时间比，运用教学策略，组织课堂教学，完成预设的教学任务。 12.3　知道信息技术学科授课方式以及评价手段的多样性。 12.4　能组织学生参与社区和服务社会活动，采用多种方式，发展学生的社会实践能力和社会责任感。

12.1　能够吸引学生注意力，激发学生学习兴趣。

【操作要点】

(1)将学生的已有知识、生活阅历和兴趣与学习目标联系起来。

(2)利用不同的教学策略与资源来满足学生的不同需求。

(3)在那些有助于提高学生学习主动性、互动性和决策能力的学习活动中，帮助他们减少学习困难。

(4)使学生参与到能使学科内容有意义的解决问题、批判性思考以及其他的活动中来。

(5)促进全体学生自主地、反思性学习。

【举例说明】

每节课开始的导语，是一节课的开场白，作为教师应当注重“导语”的设计，使它起到“激趣”的作用，引导学生乐于学习。根据每节课的特点，教师如果能很好地运用导语，就会让学生的学习在轻松愉快的情景中进行。例如在教学中设计这样的导入语，就会充分调动学生学习的积极性。如你知道怎样用计算机听歌曲的吗？你能用计算机为你画出美丽的图画吗？这一系列的问题，扣住了学生的心弦，驱动了他们的好奇心，另外，可以用“范例”代替“语言”，让学生听美妙的音乐、看用“画笔”画的图画、用 Word 设计的板报、用 PowerPoint 制作的精美幻灯片等。用这些生动、形象的具体事例，激起学生学习的热情。因此，上课伊始，让学生感到新奇、有悬念、有兴趣、愿意学、喜欢听。学生的质疑、求知欲望被激发起来了，作为教师当然就可以顺水推舟，将学生带入知识的海洋了。

12.2　能够合理安排教学时间，注意上机与讲授的时间比，运用教学策略，组织课堂教学，完成预设的教学任务。

【操作要点】

信息技术课堂上的时间是确定的，教师既要讲授教学内容中的概念，操作演示过程，又要留给学生充足的上机实践操作时间，如何合理安排教学时间，提高课堂教学有效性，就应采取有针对性的、行之有效的教学策略，完成预设的教学任务。对于这个阶段的教师，具体可参考以下几点：

(1)注重课前准备，明确目标任务。

(2)善抓激趣引入，营造学习氛围。

(3)突出教学重点，分散教学难点。

(4)恰当进行点拨，突破教学关键。

(5)适时引发高潮，促进全程参与。

(6)把握时间时机，善用辅助行为。

(7)优化习题设计，注重练习效果。

(8)加强目标回扣，做好课堂总结。

(9)及时进行评价，深入进行反思。

(10)加强辅导检测，提高整体质量。

【举例说明】

把握时间时机，善用辅助行为

讲授的时机应当选择在学生需要从教师那里得到新的信息，以帮助他们进入下一阶段学习的时候，需要教师对学习目标、进程和学生学情充分把握。讲授时间不宜过长，要留给学生理解和质疑的时间，检查反馈后对要点进行必要的重复；讲授时辅之以课件、音像、图片、实物或模型等教学资源，会增强学习的兴趣，集中学生的注意力，使讲授更有效；还要抓住疑难点、兴趣点、模糊点，着眼于教学内容的关键处、矛盾处、对比处进行有效提问，关注学生独特感受和思维发展状态，引导学生积极探索，做到教学内容问题化和教学过程探究化的有效结合，关注学生的动态生成，做到课堂预设与生成的有效统一。

12.3 知道信息技术学科授课方式以及评价手段的多样性。

【操作要点】

作为信息技术学科教师应该花更多的精力钻研新的理论和方法，从而更好地指导教学实践。这一阶段的教师能够知道多种多样的授课方式，如任务驱动法、讲授法、分层次法等，并且力争深入挖掘各种教学方式的内涵。由于信息技术学科自身的特点，大部分教学时间都在计算机教室授课，基于网络环境下的学习可以实现协作学习、自主学习和探究学习的方式。此外，授课方式应该是活泼的，信息技术学科重在掌握技能和新的思维方式，因此，这一阶段的教师需要在教学艺术的提高方面下工夫，让学生在宽松、自主的学习环境中进行知识的探究性学习。

评价是教学的有机组成部分，是保障教学效果的重要环节，对课程的学习具有很强的导向作用。与其他学科相比，信息技术学科的学习内容强调原理方法的理解和技能的形成与熟练，学习过程注重认知活动与技术活动的内在统一，培养目标则倡导原理知识、操作技能、技术文化、人文修养等多方面的统筹发展，信息技术学科的教学过程与评价过程是密不可分、平行展开的，信息技术教师应逐步树立“教学—学习—评价”有机结合的教学评价观，使教学评价成为教学过程不可或缺的组成部分。根据新课程理念，要更加重视评价的发展性功能，注重过程性评价，知道信息技术学科过程性评价方式，如课前调查或摸底测验，学习契约、量规、范例展示、电子档案袋、概念图、电子作品、程序、知识测验等，通过教学过程中的课堂观察和表现性评价等方式，努力做到信息技术课程教学与评价的有机融合。

【举例说明 1】

多样的教学方式

学生喜欢应用性强及理论与应用相结合的内容，针对这种情况，可以调整教材内容的顺序，充分利用互联网，将理论、基础知识融于应用中。目前，信息技术教材的形式比较呆板，一般都是先讲信息技术基础知识，如计算机发展史、计算机组成、工作原理等。这些枯燥的理论和基础知识不利于激发学生的学习兴趣。可以将这部分知识作为学习搜索引擎的应用内容，学生可以在互联网上查找相关信息，而且内容图文并茂，比教材更翔实。这样既了解了这些知识，也掌握了搜索引擎的应用。

【举例说明 2】

多样的评价方式

教师在教授 PPT 设计时，可以将学生完成的作品进行课堂展示，可以先提问学生该作品有什么美的地方，然后再要求大家提出改进的建议。这种生生互评充分调动了学生的积极性，其他同学也在评价中提升了对美的认识。

还可以设计如下评价量表，让学生对自己的作品进行自评。

<table>
<tr><th rowspan="2">评价项目</th><th rowspan="2">评价内容</th><th colspan="2">分项得分</th><th rowspan="2">评价等级</th></tr>
<tr><th>分值</th><th>得分</th></tr>
<tr><td>幻灯片数量</td><td>至少有 3 张有合适背景和前景的幻灯片</td><td>10</td><td></td><td rowspan="6">准确率在 90% 以下的不计成绩；90 分以上得优＋，80 分以上得优，70～79.5 分得良，60～69.5 分得及格，60 分以下不及格。</td></tr>
<tr><td>主题解明性</td><td>主题突出，有特色</td><td>10</td><td></td></tr>
<tr><td>内容完整性</td><td>内容完整，文字、图片与内容相得益彰</td><td>30</td><td></td></tr>
<tr><td>画面效果</td><td>幻灯片的画面美观，各种效果都包含在演示文稿中</td><td>30</td><td></td></tr>
<tr><td>合作性</td><td>本组内的成员相互协作，共同发挥作用</td><td>10</td><td></td></tr>
<tr><td>素材选择</td><td>选材有特色，有创意、资料收集面广</td><td>10</td><td></td></tr>
</table>

可见，可以通过多种多样的评价方式，更好地达到信息技术课程的目标。

12.4 能组织学生参与社区和服务社会活动，采用多种方式，发展学生的社会实践能力和社会责任感。

【操作要点】

从新手到熟练阶段的信息技术学科教师应做到：

(1)采用体验调查研究与访问、实验研究与观察、设计与制作、社会参与服务、信息收集与处理等多种实践学习方式，发展学生获取、筛选、加工处理信息的能力。

(2)组织学生参与社区和服务社会活动，采用绘画、动画、演示文稿等不同方式，处理并发布信息。

标　准	结果指标
13. 培养良好的学习习惯与指导学生学会学习	13.1　根据课堂与课外学习内容，考虑学生认知特点，逐步提出学习要求。 13.2　认识到学习方法在信息技术学习中的重要性，注意培养学生的良好学习习惯。 13.3　有培养学生思维方法及创新精神的意识。

13.1　根据课堂与课外学习内容，考虑学生认知特点，逐步提出学习要求。

【操作要点】

对于提升学生的信息素养，仅仅依靠课堂学习还不够，还要依靠学生的课外学习。一是因为课堂时间有限；二是因为任何技能归根结底不是教师教会的，而必须是学生在实践中通过练习掌握的。对于信息技术课而言，课堂教学是课外学习的基础，是提升全体学生信息素养的途径；课外学习则是巩固课堂学习，发挥学有余力学生能力的场所。这一阶段的教师，应能够意识到这一点，在教学活动的设计中，针对学生的个体差异，适当给予他们提出不同的学习任务和要求。

【举例说明】

教师可以利用课余时间开展计算机兴趣活动，在活动中强调学生要在各学科中主动应用信息技术。要求学生利用计算机制作课程表、值日表、通讯录来管理班级；制作精美宣传小报；节日里将用计算机制作的贺卡送给老师；在网上浏览、查阅信息，讨论热点问题。这些都在很大程度上培养了学生分析、处理和应用信息的能力。通过活动，学生不仅强化课堂学习的文字处理、简单动画制作、版面设计等信息技术知识，更重要的是具有应用信息技术的意识和能力。

13.2　认识到学习方法在信息技术学习中的重要性，注意培养学生的良好学习习惯。

【操作要点】

信息技术是一门基础性和操作性相结合的学科，教师要使学生学好信息技术，其中最重要的一环是重视学生良好的学习习惯的养成。本阶段的教师，应具有以下意识：

(1)能够理解良好的学习习惯和学习方法的内容和含义。良好的学习习惯，是优质高效学习的重要保证，其内容主要有：整理、归类书本资料和学习工具；拟订学习计划、监控自己的学习过程；主动阅读学习材料并查阅相关资料、做笔记；专心听课、预习、归纳复习；积累学习资料、积累记忆方法，注意观察，独立思考和作业，喜欢质疑问难，喜欢动手上机实践，有意识地发现问题、尝试主动解决问题等。

(2)能够意识到在学习信息技术过程中，主要培养学生自主阅读知识、质疑问难、熟悉操作方法、主动参与合作、科学应用信息能力及良好的德育行为等学习习惯。能意识到良好的学习习惯促使学生具有良好的计算机应用能力以及信息素养的形成，使学生具有健康的信息意识和信息伦理道德。

【举例说明】

学生学会制作表格后，教师要求学生寻找喜欢的表格，下节课带来自己制作。学生找来的表格形状色彩各异，有的带有丰富颜色(底纹)，有的带有边框，有的带有斜线，有的线条粗细不均，有的带有精美的图案。怎样能做出类似的表格呢？教师要求学生带着一连串想解决的问题，充分利用软件中的“帮助”功能区解决、分析问题。鼓励学生在学习中产生疑问，能主动向未知领域作新的探索，是培养学生思维独立性的重要方法之一。长期这样，学生就自觉养成了如何自己来解决产生的各种问题的好习惯。

13.3 有培养学生思维方法及创新精神的意识。

【操作要点】

首先，培养学生信息技术思维，引导创新思维。培养学生的信息技术思维，对于学生掌握信息技术知识、培养创新思维习惯有特殊的作用。例如，在程序设计的教学中，通过“编程及调试程序”过程，有机地训练学生考虑问题的条理性和逻辑性。

其次，激发学生好奇而质疑，促进创新思维。好奇是学生探索心理的推动力，质疑则构成了学生从一般性思维发展到创新思维的关键点，在这种情感的刺激下，抓住学生的注意力，激发学生去探索、去揭示“奇”的奥妙，去寻求“疑”的答案。创新思维的火花时时在白热化的思考中迸发而出。

最后，寓审美能力的发展于创新能力的培养之中。培养学生的创新精神和创新能力，不仅要靠理性方面的教育，还需要靠美育这种感性方面的教育。课堂教学的最高境界是美的境界，信息技术教师只有最得体地把信息技术教学艺术因素表现出来，才能引导学生深切感受信息技术学科中的理论美和应用美。当学生看到教师构思精巧的板书和计算机屏幕上展示各种学习成果时，当学生在探求新知、寻找规律时获得意外成功的惊喜，在山重水复疑无路之后，突然产生的灵感所带来快乐时，无不感受到美的熏陶，从内心深处升腾起一种难以言喻的美感，它可以成为激发创新意识、培养创新思维、获取创新能力的巨大源泉。

【举例说明】

创新就是要求异，不要雷同。在信息技术课教学中，当学生的思维活动和结论超出教师所设计和期望的轨道时，教师不应强行把学生思维纳入自己的思维模式之中，而要保护学生的创造勇气和创新精神，着力引导学生敢于突破陈规，提出大胆的设想和独特的见解，鼓励他们标新立异，另辟蹊径，探寻到具有创新意识的简捷妙法，在不断的探索中学会学习，学会创新。在学习 Word 之前，教师先制作了一幅图文并茂的墙报作品，画面生动、颜色鲜艳，当中综合包含了 Word 的一些知识点和操作方法，在让学生欣赏的同时，激发学生："你们想不想做出和这一样美丽的墙报?"学生自然是羡慕不已、急不可待。教师又进一步激发学生："做这幅墙报需要哪些知识和操作方法?"让学生讨论出需要排版、插入艺术字、插入图片、插入表格等时，教师趁势激励学生："你们再过一段时间也能编出这样漂亮的墙报来。"于是学生在好奇心的驱使下，想方设法采用最有效、快捷的学习方式——自主看书、同学间合作探究、查资料、向老师请教等方法参与到学习活动中，这样既唤起学生自主探究的意愿，又保持学生对信息技术课的新鲜感和兴趣。实现整个教学过程的自主性、开放性、实践性。

标　准	结果指标
14. 开展多元的学习评价	14.1　具有引导学生参与评价的意识。 14.2　关注学生的学习效果。

14.1 具有引导学生参与评价的意识。

【操作要点】

课程设计要有目的地引导学生参与评价，可以参照以下几个要点引导学生参与评价：

（1）引导学生了解评价要点和评价方法，例如比较性评价、补充性评价、建议性评价、争议性评价及赞赏性评价等。

（2）引导学生掌握评价的语式表达方法，例如“看法＋原因”的评价语式表达方法。

（3）引导学生学会倾听，尊重发言的同学，对伙伴和教师的表现、观点、方法进行认真思考、大胆提出评价和质疑。

（4）可以通过发给学生带有详细评价要求和评价活动过程的记录单，引导学生边参与评价边做观察记录，记录教师及其他同学的表现和发言要点，来帮助学生参与评价。

（5）通过设计学生自评和互评的活动为学生提供参与学习评价的机会，例如为全体学生提供集体讨论自己作业的机会。

（6）帮助学生形成自我反思技巧；引导学生在参与评价过程中不断地进行反思，修正自己的意见，学会反思。例如请学生通过完成学习小结对学生的学习情况进行评价，也可以组织学生将自己的学习小结在班级展示交流和反思。

【举例说明】

网页制作以及学会评价网页，对于提高学生的鉴赏能力和制作水平，培养创新意识和创新能力有很大的帮助。但是如何评价学生制作的网页呢？评价的指标又包括什么项目呢？教师不应为学生事先制定好，而是让学生在实际操作过程中总结经验，提出自己的评价标准，并在评价过程中去发现问题，及时进行修正。具体实施过程如下：

要求对各个小组设计、制作的主题网站进行评价，分析各个网站的长处与不足，选出优秀网站。

（1）作品展示

教师从学生作品中选出几个主题网站展示出来，学生通过观察和比较，看看哪个主题网站做得好。

(2)讨论评价方案

你是如何评价主体网站的？好的主题网站应该具备什么条件？请大家结合实践经验自由发表意见。

(3)确定评价指标

要公正、客观地评价一个主题网站，应该先制定一个评价指标，然后用这个指标去衡量与评价。在综合学生意见后，指导学生进行较全面、准确的总结，制定出合乎自己实际的主题网站评价指标量表，如下所示。

评价项目	评价内容描述	个人自评	小组评价	班级评价	教师评价

(评价等级分优、良、中、差四个等级)

14.2 关注学生的学习效果。

【操作要点】

(1)引导学生认识自己学习不适应的原因，指导学生制订学习计划，明确学习目标。

(2)关注学生学习目标的达成状态，指导学生进行学习评价。

(3)采用多种途径收集信息评价学生学习效果。

(4)能够利用评估结果指导教学。

(5)能够与学生、家长及有关人员交流学生进步情况。

【举例说明】

学生的学习效果可以通过以下方式获得：观察、询问、学生展示、题目测试等。其中，学生展示活动能很好地反映学生对相关知识技能的掌握程度。

在电子报刊小组展示互评活动中，每一个小组都要上台展示自己的电子报刊，讲述小组的创意及设计思路，制作过程中遇到的困难以及如何克服，在制作过程中采用了哪些方法并达到了怎样的效果以及自己对这些方法的理解，电子报刊中还有哪些需要修改的问题，还有哪些困惑。同时，在讲述过程中还要接受其他小组的提问。这样的展示活动对教师了解学生对电子报刊相关知识的学习效果有很大帮助。

标　准	结果指标
15. 促进有效的课堂管理	15.1　能够维持正常的课堂教学秩序，完成教学任务。 15.2　根据课堂反馈信息，合理调控课堂的时间与节奏及教学内容。

15.1　能够维持正常的课堂教学秩序，完成教学任务。

【操作要点】

(1)按照教学计划和教学设计进行有序教学，不受非教学活动的干扰。

(2)创造适宜的课堂氛围，保持和谐的师生关系。在课堂开始、结束及教学过程转换各环节，使用明确的提示语，对学生的行为进行引导，以维持课堂秩序。

(3)公平、合理地实施课堂纪律，对学生不合乎课堂纪律和要求的行为，通过口头提醒或者其他巧妙的方式加以制止。

(4)注意运用不同的教学方法和教学形式开展教学。

(5)机智、灵活地处置课堂突发事件。

15.2　根据课堂反馈信息，合理调控课堂的时间与节奏及教学内容。

【操作要点】

(1)备课时对各教学环节要分配时间，以保障心中有数；每个环节特别是新授、讨论的时间要充裕一些，不要过于紧张，当然也要紧凑。

(2)能够根据课堂上不可预知的学情，灵活调整教学设计时各环节的时间分配，或做出取舍。

(3)根据学生的年龄特点和注意力的情况，及时转换过程和节奏，防止注意力分散。

(4)在机房讲授信息技术课程时，要注意讲练结合，合理分配讲授时间和学生上机操作时间。

标 准	结果指标
16. 渗透思想品德教育与生活技能教育	16.1 学习、掌握生活技能教育的知识和方法，具有培养学生生活技能的意识。 16.2 在信息技术学科教学中，注重对学生进行信息道德教育。

16.1 学习、掌握生活技能教育的知识和方法，具有培养学生生活技能的意识。

【操作要点】

(1)生活技能教育的含义。生活技能教育是在考虑文化和发展的前提下，以技能教育为基础，恰当地锻炼强化青少年的心理社会能力，促进发展，保护人权，预防健康和社会问题的教育。属于健康教育的范畴，目标是预防青少年的问题行为。

(2)生活技能教育的兴起。生活技能教育兴起于20世纪80年代初期的美国。美国学者伯特温(Gilbert J. Botvin)提出用“生活技能训练”的方法预防青少年吸烟问题，取得实效。目前，生活技能教育的理念和方法已被英国、加拿大、澳大利亚等许多国家接受，逐步系统和规范化。

(3)生活技能教育的主要内容。生活技能教育主要包括：改进生活技能与健康、了解自己、培养责任感、情绪调节、沟通与交流、理解他人、解决问题、缓解紧张和压力、发挥创造力、选择与决定、行为上异常(吸烟、饮酒)的危害、远离毒品、保护自己、走向健康。通过上述内容的教育，培养青少年的10种能力，即自我认识能力、同理能力、有效的交流能力、人际关系能力、调节情绪能力、缓解压力能力、决策能力、解决问题能力、创造性思维能力、批判性思维能力，促进青少年将其知识和态度/价值转化为行动。

(4)信息技术学科教师可以结合本学科的知识内容培养学生的生活技能，尤其在现代信息技术飞速发展的今天，要培养学生对信息的获取、选择、加工、应用和表达的能力，提高学生的信息素养，引导学生从科学的视角认识和解决生活中的问题。

16.2　在信息技术学科教学中，注重对学生进行信息道德教育。

【操作要点】

信息技术学科教师必须有敏锐的洞察力，要根据学科特点，既要教书又要育人，重视信息技术学科的德育功能，在教学中要注重从以下几个方面对学生进行信息道德教育：

(1)爱国主义教育。信息技术教材中蕴涵着丰富的爱国主义素材，在教学中要结合事例激励学生热爱我们伟大的祖国。

(2)科学精神、态度和探索方法的教育。在教学过程中结合信息技术的发展和特点对学生进行科学品德教育。例如，可以介绍比尔·盖茨(Bill Gates)、乔布斯(Steve Jobs)等信息技术研究者的探索经历，培养学生求真、求新、不畏艰辛的品格。

(3)实践、创新意识的培养。科学的发展、社会的进步都来源于不断的创新。信息技术的发展更是突飞猛进，可以通过学习软件的使用，让学生多实践、多操作，在实践中思考、创新。

(4)团结、友爱、互助品德的培养。信息技术的发展是物理、材料、工艺等多种科技整合推进的。

(5)在信息技术学科教学中，注重对学生进行信息安全道德、信息传播道德、网络安全道德的教育。

【举例说明】

通常情况下，信息技术教师对学生思想道德方面教育的表现方式有很多，面对中小学学生，我们应该教育学生进入机房后，爱护环境及公共设施，遵守计算机房各种规章制度；教育学生在学习过程中，要学会共处、互相尊重、理解他人、虚心地向他人学习；教育学生在网络学习中，不随便、不任意传播网上不安全的信息。学生在使用计算机的过程中，引导并告诫学生不传播、不制造计算机病毒，更不要推崇网络黑客。

标　准	结果指标
17. 实施积极的安全教育与健康教育	17.1　具有关注学生心理健康的意识。 17.2　引导学生树立自我保护的意识，对学生的人身安全、信息安全、用电设备安全负有责任感，遇有突发事件时救助学生。

17.1 具有关注学生心理健康的意识。

【操作要点】

(1)深刻理解心理健康对于学生成长的意义。

(2)真正关心学生的心理健康。

(3)采取有效措施鼓励学生关注和改进自身心理健康状况。

(4)能够经常与学生谈心、交流，促进学生心理健康。

17.2 引导学生树立自我保护的意识，对学生的人身安全、网络信息安全、用电设备安全负有责任感，遇有突发事件时救助学生。

【操作要点】

国家高度重视中小学安全教育。《中小学公共安全教育指导纲要》规定了公共安全教育的主要内容包括预防和应对社会安全、公共卫生、意外伤害及突发事件、网络信息安全、用电设备安全、自然灾害以及影响学生安全的其他事故或事件等模块。其核心就是中小学生安全的预防与应对。教师是学生安全的重要责任人，是中小学安全教育工作的重要实施者，因此教师必须首先树立起安全意识，重视安全教育，增强安全责任感，明确教师的安全职责。

随着计算机和网络技术的发展，信息技术已经成为当代中小学生基本的素质与技能，互联网越来越成为中小学生学习、娱乐和社会交往的重要场所，但同时也带来某些有碍他们健康成长的危险因素。目前中小学生在网络中遇到的危险主要有以下三类①：联系性危险。指通过网络聊天和电子邮件等交互方式，某些人可以联系上中小学生，从而引诱伤害他们。内容性危险。指中小学生接触到不适宜的内容，包括有关色情、种族歧视和种族仇恨、暴力等文字、图片和影像资料。商业性危险。指中小学生隐私受到市场商业行为的侵犯。为此，信息技术教师特别要注意培养中小学生的网络安全意识。

① 颜辉：《当代美国教育技术》，第73页，广州，中山大学出版社，2003。

领域四 教育教学研究与专业发展

标 准	结果指标
18. 教育教学反思与行动研究	18.1 培养教学反思的习惯，及时总结教学经验。 18.2 具有问题意识，经常梳理教学中的问题，并尝试进行解决。 18.3 学习教育科研方法，尝试参与课题研究。

18.1 培养教学反思的习惯，及时总结教学经验。

【操作要点】

这个发展阶段的教师要注意培养反思教学的习惯，比如：

(1)经常有意识地对自己的课堂教学实践进行回顾、审视和反思，总结经验与教训，汲取他人的教学经验，不断改进自己的教学，逐步形成教学反思的习惯。

(2)练习撰写教学日记、教学叙事和教学案例分析，做好说课、评课，提高自己教学反思的质量。

(3)在教学反思中，注意把自己“学会教学”的过程与教学生“学会学习”的过程统一起来，努力提升自己教学实践的合理性。为实现新手到熟练的过渡打下基础。

18.2 具有问题意识，经常梳理教学中的问题，并尝试进行解决。

【操作要点】

这个发展阶段的教师要善于收集和梳理教学中存在的问题，并尝试进行解决。比如：

(1)通过课堂观察、课下与学生交流、家长反映和学习效果检测等渠道，了解自己工作中存在的问题。

(2)不放过问题，与同事或有经验的教师讨论，分析问题，逐步形成教学行动研究专题。

(3)从“问题意识”入手，把“问题意识”适时地转化为“课题意识”，通过“计划—行动—观察—反思”循环过程，把解决问题的过程变成教学行动研究过程，促进自己的专业化发展。

18.3 学习教育科研方法，尝试参与课题研究。

【操作要点】

具有一定的教科研能力是现代教师的基本特征之一。教师不仅要会教书，还要教好书，这就离不开教师对教学的深入研究。教师的研究不同于一般意义上的学术研究，具有实践性、实用性和灵活性等特点，属于行动研究，本质上是教师在实践过程中利用科学方法解决自己教学中存在的问题的过程。所以，教师要学习教育科研方法，并积极参与他人的课题研究，在研究过程中提升自己的教科研能力。比如：

(1)阅读教育科研方法类的书籍，学习科学的研究方法。

(2)经常阅读学术期刊，学习学术论文和研究报告的撰写方法。

(3)积极参与课题研究，并承担一定的任务，边研究边学习，体验课题研究的过程与方法。

(4)尝试设计和实施自己的课题。

【举例说明】

调查研究是实证研究方法的综合体现，包含普遍调查、抽样调查、个案调查，现状调查、相关调查、发展调查、预测调查，问卷调查、访谈调查、测量调查、调查表法等类型。完整的调查研究包括以下六步骤：

(1)确立调查课题；

(2)选择调查对象；

(3)草拟调查提纲；

(4)制订调查计划(包括问卷)；

(5)调查的实施；

(6)撰写调查报告。

标　准	结果指标
19. 团结协作与经验分享	19.1　具有团队合作意识。 19.2　积极参加研修活动，虚心求教。

19.1 具有团队合作意识。

【操作要点】

教师的团队合作意识主要表现在：

(1)在参加学校的各种活动中，体验本校教学的特色与学校文化，了解团队行为准则。

(2)认同团队行为准则或委婉地提出建设性意见。

(3)在团队活动中扮演一定的角色，贡献自己的智慧和力量。

19.2　积极参加研修活动，虚心求教。

【操作要点】

这个发展阶段的教师要积极参加教研活动，多与他人进行交流，虚心求教，博采众长为我所用。比如：

(1)培养自己对进修活动的兴趣，每周提前安排工作计划，包括进修学习的时间。

(2)每次进修活动后，及时思考自己得到的启发与收获，并不间断地积累学习收获，在一定情况下与同事分享。其中“及时”“不间断”和“积累”是最重要的。

标　准	结果指标
20. 终身学习与持续发展	20.1　能够制定符合自身专业发展的职业生涯规划，树立正确的职业理想。 20.2　积极参加学习和进修，具有优化和提升自我专业素养的意识。

20.1　能够制定符合自身专业发展的职业生涯规划，树立正确的职业理想。

【操作要点】

教师职业生涯规划就是对教师职业生涯乃至人生进行持续、系统的计划的过程，是帮助教师树立和实现职业理想的重要保障，也是教师终身学习和专业发展的需要。它包括对教师职业的选择，对教师职业目标与预期成就的设想，对工作单位和岗位的设计，对成长阶段步骤以及环境条件的考虑等。基本方法如下：

(1)明确影响教师职业生涯规划的因素，获取和掌握与教师职业相关的各种信息。

(2)了解教师职业生涯的发展阶段，以便更好地适合自身发展需要。

(3)掌握制定教师专业发展的方法和步骤。

(4)把自己的职业规划向专家咨询，征求专家的建议和意见，以便更好地适合自己的专业发展。

20.2 积极参加学习和进修，具有优化和提升自我专业素养的意识。

【操作要点】

教师要树立终身学习的意识，不断提高专业素养，比如：

(1)积极学习和了解当前课改的动态、关注教育与学科教学领域热点问题和前沿问题，并注意收集和积累相关资料，积极吸收新理念、新方法。

(2)结合课程改革或本地区基础教育发展趋势，思考对教师提出的专业素养新要求，增强优化和提升自我专业素养的意识。

(3)依据本校或本区域基础教育发展需求，带着明确的问题，按要求参加学习和进修，并应用于校本研修之中。

二、从熟练到成熟

维度一　专业基础

领域一　健全人格与职业道德

标　准	结果指标
1. 爱岗敬业，履职尽责	1.1　热爱教育事业。 1.2　自觉遵守教育法律法规及教育方针政策。 1.3　认真履行教师职责。 1.4　具有责任感。

1.1　热爱教育事业。

【内容要点】

热爱教育事业体现在三个方面：一是对生命的大爱，不是站在具体某一个孩子的角度上表达喜爱，而是一种伦理的情怀；二是热爱任教学科，喜欢钻研计算机操作软件、编程等工具，有致力于促进全民信息素养提高、传播科学知识和宣扬科学精神的愿望；三是在职业中不断获得价值感和成就感，将职业开始升华成事业。

1.2　自觉遵守教育法律法规及教育方针政策。

【内容要点】

(1)教师要严格贯彻教育方针政策和遵守教育法律法规(具体法规详见“从新手到熟练”阶段的表述)。

(2)能够将法律法规的规范和强制性要求逐渐内化为自己行为的价值和准则，从他律开始转向自律。

1.3　认真履行教师职责。

【内容要点】

这个阶段的教师不仅要明确教师的职责，更重要的是要认真履行教师的职责。在不断提高业务能力的同时，不断提升自身的素养，以“学高为师，身正为范”严格要求自己，树立教书育人、为人师表的良好形象，真正履行好教师这个崇高而又神圣职业的职责。

1.4 具有责任感。

【内容要点】

强烈的责任感来自于对教育事业的感悟和对学生成长的期待。这个发展阶段的教师经过一段时间的教学实践，形成了对于教师责任的一种自动化的感情，具备了内驱力系统，从外化到内化，从有意识地遵守责任要求到无意识地履行责任。

标准	结果指标
2. 关爱学生，教书育人	2.1 关心和热爱每一位学生，做学生的良师益友。 2.2 平等公正地对待每一位学生，尊重学生人格。 2.3 引导学生树立正确的人生观和价值观，促进学生可持续发展。

2.1 关心和热爱每一位学生，做学生的良师益友。

【内容要点】

教师职业道德中的优异表现，不是坐而论道，也非高山仰止，而是切实体现在师生交往的具体活动中，教师的勤恳敬业，乐于奉献更直接地体现在教师对教育事业的热爱和对学生的挚爱。为此，教师要学会：

(1)了解。学生的行为背后，总有他认定的想法，请试着了解他，不要急于批评他。

(2)同理。发挥同理心是了解学生的第一步，蹲下身来，站在孩子的立场去看、去想，才能了解孩子眼中的世界。

(3)倾听。以耐心的态度，关注的神情，积极倾听，学生才有完整表达的机会，并同时给予温馨的回应。

2.2 平等公正地对待每一位学生，尊重学生人格。

【内容要点】

教师在与学生交往中要做到爱无差别，一视同仁。教师热爱并关注每一个孩子，更要把注意多指向那些学习成绩不佳、学习行为习惯较差的学生，让他们感受到来自老师的深切关爱。走进学生的内心世界，平等宽容地对待学生，关心他们的生活和学习，真正成为他们的良师益友。教师不能以自己的私利和好恶作标准处理师生关系，应当给所有学生提供平等的学习机会。为此，教师要做到：

(1)教师要包容学生的差异。

(2)教师要接受学生的失误。

(3)教师要尊重学生的兴趣和选择。

(4)教师要避免对学生负面的评价语言。

2.3　引导学生树立正确的人生观和价值观，促进学生可持续发展。

【内容要点】

为了帮助学生树立正确的人生观和价值观，促进学生可持续发展，教师需要做到以下几点：

(1)善于做价值引导者。教师不仅践行教书育人的神圣职责，同时也通过自己高尚的人格境界把乐观、进取、责任、敬业的意识传递给与他接触的每一个学生。通过自己的言行教育影响帮助学生树立正确的人生观和价值观。

(2)在师生交往和教育活动中，引导学生树立正确的人生理想。教师要通过“价值澄清”等有效的教育模式帮助学生确立正确的价值信仰。教师还要结合现实社会生活，通过正反两方面范例的解读，帮助学生区分正确与错误的人生理想。

(3)在教学过程中要以新课改理念为指导，秉持促进学生全面可持续和个性化发展的宗旨，使得教学工作为了一切学生，为了学生的一切。教师还要积极探索教育教学客观规律，调动学生的创新实践能力，创设良好的育人环境，尊重学生个性、注重学生的智力与能力发展、关注学生的身心健康等，促进学生的可持续发展。

标　准	结果指标
3. 为人师表，严谨治学	3.1　遵纪守法，公正廉洁，以身作则。 3.2　树立优良学风，刻苦钻研业务，不断学习新知识，改进教育教学方法，提高教育教学水平。 3.3　自觉遵守知识产权。

3.1 遵纪守法，作风正派，公正廉洁，以身作则。

【内容要点】

对于法律法规的遵守，不再刻意而为，无须有意注意。能自觉自如地以法规约束、框范自身言行，进行自我调控，并在内心深处形成自我约束、自我评估的一系列标准，且标准一般高于法律法规的底线。已形成个人的道德理想，有明确的做人原则。

3.2 树立优良学风，刻苦钻研业务，不断学习新知识，改进教育教学方法，提高教育教学水平。

【内容要点】

教师的形象直接影响着学生的价值观，教师个人的职业道德和做人原则，为学生的健康成长指明了方向。教师只有作风正派、公正廉洁才能在学生心目中树立起威信，同时也为建立良好的师生关系打下坚实的基础。外面世界的诱惑、教学工作的压力，学生家长的要求、社会公众的期望……常常使教师身心俱疲，从而产生职业倦怠。这个发展阶段的教师要做到：

(1)钻研业务不再出于完成工作任务的需要或被动应对工作中问题的解决，而在于自身发展的需要，对于教育教学工作，不再停留于仅以权威专家的理论为据，也不再停留于仅按有关要求行事，而力求做得更好，不满足于工作现状的维持与稳定中的有所发展。

(2)在工作中，一方面，注重工作质量的提升和劳动成果品质的保证，积极主动地探寻新路径、新方法，不断主动学习、探索改进工作；另一方面，已具备问题研究与预防意识，能在解决问题中不断反思总结，不断探索。

3.3 自觉遵守知识产权。

【内容要点】

这一阶段的教师，不仅熟知知识产权的相关规定、基本内容与要求，而且能够进行自我监督、自我约束，自觉遵守知识产权中规定的各项要求，带头抵制学术腐败，端正论文发表态度，注重资料引用说明。同时，也要在教学中时时注意渗透给学生尊重知识产权的意识。

例如，学生制作班级小报、社区宣传画册时，教师要注意要求学生在资源搜集阶段就要记住资源来源，在宣传展示阶段要在作品中注明所用资源的引用出处。

标 准	结 果 指 标
4. 热爱生活，身心健康	4.1 积极锻炼身体，增进身体健康，合理分配精力，保持充沛的活力。 4.2 积极乐观、善良宽容，具有爱心、同情心和正义感。 4.3 能够正确对待困难和挫折，善于自我调节。 4.4 具有良好的生活情趣，至少培养一种有益身心健康的兴趣爱好。

4.1 积极锻炼身体，增进身体健康，合理分配精力，保持充沛的活力。

【内容要点】

参加体育锻炼活动，可使人具有健康的身体，使身体机能获得全面发展。同时还要遵循自觉性、经常性、循序渐进、因人而异、适量性的基本原则，增进身体健康。这个阶段的教师是学校中的教学骨干，教学工作繁重，心理压力大，即使这样也要注意自己的身体健康，要学会合理分配精力，适时进行锻炼。

4.2 积极乐观，善良宽容，具有爱心、同情心和正义感。

【内容要点】

要让自己有自信，工作状态集中；要充实自己，多读书、多学习；还要有正义和责任感，面对他人的错误能够进行善解人意的帮助和指正；面对复杂的问题，能有正义感和责任感，乐于积极地、负责任地帮助他人。

4.3 能够正确对待困难和挫折，善于自我调节。

【内容要点】

这个发展阶段的教师经过多年的教学实践和生活磨炼，心理越来越成熟，具有较强的心理承受能力和抗压能力。要能抵住各种诱惑，静下心来踏实做事，保持平和的心态；正确处理与领导、同事和学生之间的关系，坚持自己的原则，追求自己的理想。要端正对待困难和挫折的态度，善于自我调节。比如，在遇到困难时，不怨天尤人，能够厘清解决困难的思路，正确选择解决问题的方法；遇到挫折时，不轻言放弃，具有坚定的信心，锲而不舍地实现自己的目标。

4.4 具有良好的生活情趣，至少培养一种有益身心健康的兴趣爱好。

【内容要点】

高雅的生活情趣是健康的情趣、向上的情趣、文明的情趣、科学的情趣，不仅可以愉悦心情，催人奋进，而且还可以陶冶情操，提升生活质量，促进事业更好地发展。具有良好的生活情趣反映了一个人有较高的素质和个人修养，因而是每位教师应该追求和向往的生活目标。学校也有义务为教师们提供多种活动机会，丰富教师的业余生活。

领域二 学科与教育教学专业知识

标　准	结果指标
5. 关于学科的知识	5.1 掌握信息技术学科的课程标准中明确规定的学科知识。较好地把握信息技术学科的知识体系和学生技能发展体系。 5.2 能够理解信息技术学科的知识框架和学科思维，描述信息技术学科知识的层级结构。 5.3 熟悉信息技术学科与其他学科以及生活实践、社会发展之间的关系，并能有意识地在教学中渗透。

5.1 掌握信息技术学科的课程标准中明确规定的学科知识。较好地把握信息技术学科的知识体系和学生技能发展体系。

【内容要点】

学科知识体系和学生技能发展体系就是基础知识和基本技能的内容框架(包括组成部分和连接方式)。“学科知识和技能体系”是最基本的内容，是每位教师必须把握的。在2011年版各科课程标准中，“学科知识体系和学生技能发展体系”是以“内容标准”的形式进行呈现的。新课程改革之后，理科各学科的知识体系和学生技能发展体系的设计考虑到了学科知识的逻辑顺序、社会需求和学生的认知规律，内容采用将学科和社会两者融合的方式进行呈现。

本阶段信息技术教师，除了掌握《普通高中技术课程标准(实验)》和《中小学信息技术课程指导纲要(试行)》中明确规定的知识，还要能够做到：

(1)了解和掌握信息技术基础知识和基本技能。

(2)了解信息技术的发展及其应用对人类日常生活和科学技术的深刻影响。

(3)具有获取信息、传输信息、处理信息和应用信息的能力。

(4)正确认识和理解与信息技术相关的文化、伦理道德和社会等问题。

(5)能够负责任地使用信息技术。

(6)具有良好的信息素养，具有利用信息技术对其他课程进行学习和探讨的能力。

(7)具有创新精神和实践能力。

5.2 能够理解信息技术学科的知识框架和学科思维，描述信息技术学科知识的层级结构。

【内容要点】

成为一名成熟的信息技术学科教师，既应该具有合适层面的信息技术学科专家知识和信息技术学科思维；也需要具备一般教学专家知识和具体的信息技术教学专家知识，指导学生学习信息技术内容和促进学生信息技术思维趋于成熟；还需要具备一定的技术实践知识。图 3-4 表示信息技术学科教师的专业知识结构。

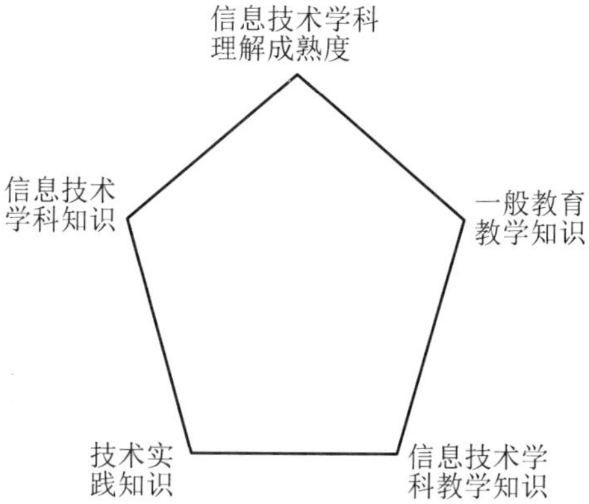

图 3-4 信息技术教师的专业知识结构

为了能够清晰描述信息技术学科所研究的问题空间，可参考美国计算机协会(ACM)、国际电子电气工程师协会计算机分会(IEEE-CS)专家采用的计算学科问题分析描述形式(见图 3-5)，该图比较清楚地将整个计算学科所包含的典型工作展现出来(可视化)。显然，任何一个学科都有从理论、原理、(原始)创新到开发、应用的不同问题，这构成横坐标，而纵向的划分则因学科而异。图 3-6 表示计算机学科的问题空间，图 3-7 则表示信息技术学科研究的问题空间。

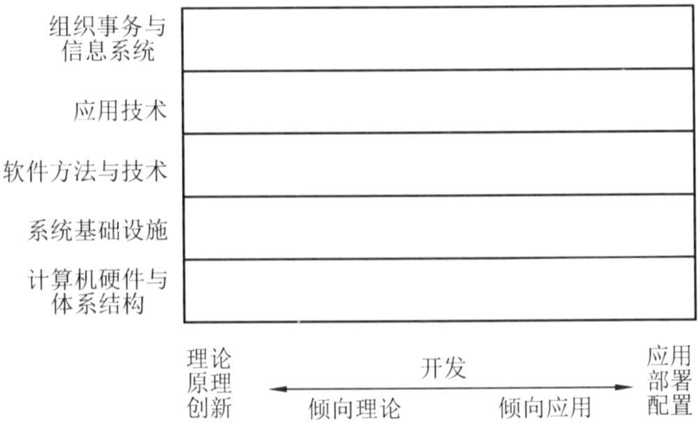

图 3-5　计算学科问题分析描述图

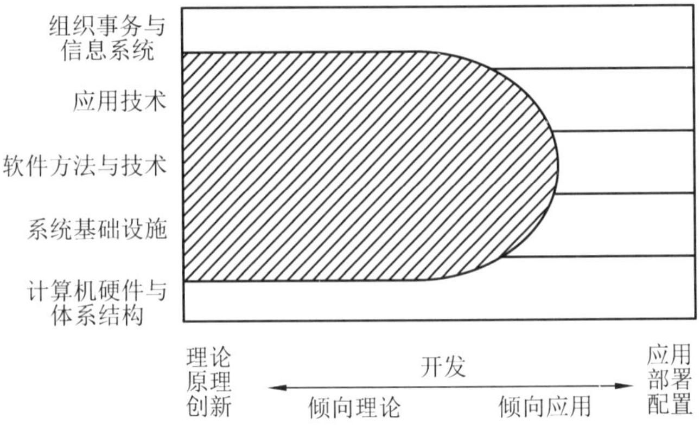

图 3-6　计算机学科问题空间

图 3-7 很清晰地描述了信息技术学科主要关注应用技术领域，满足组织和公民因计算技术而引发的各种应用、部署和配置的需求。

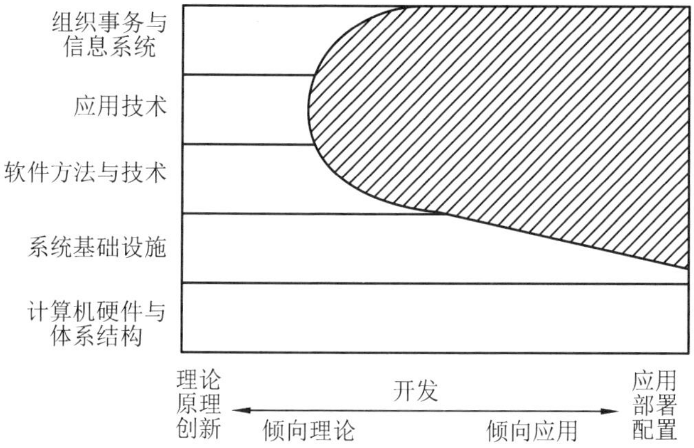

图 3-7　信息技术问题空间

信息技术学科的核心概念是信息素养的培养。信息素养包含诸多方面：传统文化素养的延续和拓展；使受教育者达到独立自学及终身学习的水平；对信息源及信息工具的了解和运用；必须拥有各种信息技能，如对需求的了解及确认，对所需文献或信息的确定、检索，对检索到的信息进行评估、组织和处理并做出决策等。概括地说，完整的信息素养应包括三个方面：文化素养(知识层面)，信息意识(意识层面)，信息技能(技术层面)。所以，信息技术学科的核心概念就是基于以上三个层面且以信息素养的培养为中心的科学过程。

熟练到成熟阶段的信息技术教师应在上一阶段的基础上，深入领会理解信息技术学科的知识层级结构与核心概念。

5.3　熟悉信息技术学科与其他学科以及生活实践、社会发展之间的联系，并能有意识地在教学中渗透。

【内容要点】

依据《普通高中技术课程标准(实验)》与《中小学信息技术课程指导纲要(试行)》学生的信息素养表现在：(1)对信息的获取、加工、管理、表达与交流的能力；(2)对信息及信息活动的过程、方法、结果进行评价的能力；(3)发表观点、交流思想、开展合作与解决学习和生活中实际问题的能力；(4)遵守相关的伦理道德与法律法规，形成与信息社会相适应的价值观和责任感。所以，信息技术教师要能够引导学生从科学角度认识信息技术学科，教学也不应仅局限于课堂教学和书本知识的学习，还需要通过多种形式与课内外、校内外的活动紧密结合，让学生广泛接触生活和社会，体验信息技术学科与科学、技术和社会的关系，在教学时间和空间上都必须实行开放式的教学，形成学生自主参与、开放、灵活的教学方式，培养学生适应社会，解决问题的能力。

【举例说明】

在教学中有意识渗透信息与社会发展之间的联系①

学生刚进入高中，有很强的求知欲，但对信息概念的理解不够，甄别信息的意识不强，能力较弱，对信息技术的认识存在一定的误区。为此，教师在“信息技术第一课——无处不在的信息”一课引入阶段，请学生浏览一张全球夜晚灯光图，观察到地球表面很大面积夜晚几乎没有灯光，南极洲是全黑，非洲以及南美洲丛林的夜晚也是黑暗的，非洲、澳洲、蒙古和加拿大北部的极地也都是灯火寥落，美国、西欧和日本三处最亮。由此感叹：各国夜晚灯光亮度的差异，体现了各国都市化程度的不同，经济发达的地区，夜晚灯光就明亮，且灯光的密度就高。我国灯光的密度也不高，且不平衡，说明我国经济实力还比较薄弱，经济发展不平衡。同学们责任在肩，要多多努力！这张图片给我们传递的信息是丰富的。大千世界，信息无处不在，如何更有效地获取、加工、利用信息呢？这就是我们这学期要学习的内容。

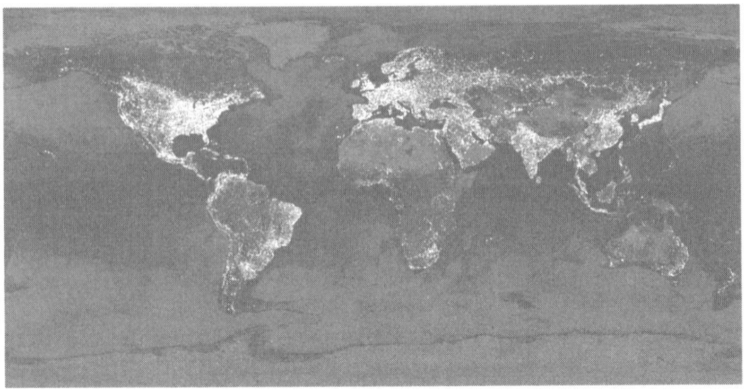

图1　全球夜晚灯光卫星图

① 李艺：《高中信息技术(必修)新课程案例与评析》，第45～53页，北京：高等教育出版社，2007。

教师从一幅“源于我看见照片后的冲动，想介绍给学生”的图片入手，将信息所表现的丰富而深刻的内涵“激情”推出，如水面投石，师生情绪沉浸其中，关于“信息”的话题由此展开。初步使学生理解了信息的含义，又和世界及我国的社会发展、信息技术处理水平联系起来，激发学生努力学习的激情。

标　准	结果指标
6. 关于学生的知识	6.1　了解教育心理学以及其他相关学科关于学生的知识，并能用于信息技术学科教学和学生管理中。 6.2　了解学生学习信息技术学科不同内容的学习规律。

6.1　了解教育心理学以及其他相关学科关于学生的知识，并能用于信息技术学科教学和学生管理中。

【内容要点】

中小学阶段的信息技术学科教学要特别关注直观性、循序渐进、量力性和因材施教等原则。所以，在实际教学过程中，很多有智慧的教师将信息技术学科教学与学生认知发展规律紧密结合起来，采取有效的教学策略引导学生有效学习；也会注意积累一些策略性知识丰富自己的知识结构，比如，设计有梯度的问题情境，使用生动直观的教学媒体，开展实践探究活动等。

【举例说明】

“认识信息资源管理”一课中教育心理学中知识迁移理论的应用①

教师从学生熟悉的生活中的信息资源管理现象(如超市货品管理，出示沃尔玛超市购物导航图，即各类商品分布区)出发，引出系列信息资源管理问题，利用学校配有的“图书管理系统”以及上网条件，让学生带着问题参与教师提供的四个活动项目：实际考察图书馆，了解藏书如何分类上架；利用资源管理器管理计算机文件；操作数据库应用系统，了解其方法和特

① 李艺：《高中信息技术(必修)新课程案例与评析》，第266～280页，北京，高等教育出版社，2007。

点；访问因特网，了解网上信息资源的多种组织方式。学生以小组合作方式选择并开展活动，最后在课堂中交流共享各自在活动中的见解和认识。教师在学生的交流中给予引导和归纳，并从中提炼信息资源管理的基本思想。传统的讲授和普通的活动可能都会归结到 Windows 系统树状文件夹结构图的信息资源管理组织方式，但是在这里，学生通过学习，认识到资源管理的目的是从一大堆杂乱无章的文件中找到某一文件，所以还提出也可以建立索引表，让表格中的某条记录与相应的文件建立链接，这种管理方式是对传统管理方式的一种“颠覆”，也正是要学习计算机管理信息的重要内容。这就是教师根据学生学习特点，设定相应活动，达到了知识迁移学习的目的。

6.2 了解学生学习信息技术学科不同内容的学习规律。

【内容要点】

信息技术学科的内容，包含了硬件基础、软件应用、网络应用以及程序设计语言等不同内容(详见从新手到熟练阶段 5.1 指标的信息技术学科知识体系框架图)，内容之间有联系更有区别，掌握学生学习各部分内容的不同学习特点，了解学生学习信息技术学科硬件基础、软件应用、网络应用以及程序设计语言等不同内容的学习规律，从而在教学中采取不同的教学法，例如：

(1)对于信息技术基础知识的学习(例如硬件知识)，教学内容系统性强、知识内涵丰富，而且具有抽象性和社会性，可采用讲授教学法、读书指导法等。

(2)对于信息技术操作技能训练方法的学习(例如 Windows 操作系统)，教学内容具有学生的学习起点有差异、实践性强、简单易学、实用性内隐化和内化较难的特点，可以采用范例教学法、游戏教学法、操练教学法等。

(3)对于信息技术能力培养的教学方法(例如软件应用，网络应用、程序语言设计等)，教学内容具有基础性、发展性、灵活性、实践性、注重示范和注重创新等特点，作业布置也是多种多样，可采用任务驱动教学法、WebQuest 教学法、小组合作教学法等。

(4)对于程序设计部分的教学内容，具有逻辑结构性强、注重分析、重视排查程序错误等特点，一般采取任务驱动法、教练法、案例分析法、框架填补法等。[①]

(5)针对信息技术情感态度和价值观的培养，则可采用讨论教学法、情景教学法等。

当然，在一节课中，这些教学方法都不是孤立应用的，成功的教学活动应是多种方法共同达成教学目标的结果。

【举例说明】

利用范例教学法学习 Photoshop 图像处理中的滤镜效果[②]

范例教学法是操作技能训练中常用的教学方法之一，在短暂的课堂教学活动中，使用范例教学法可以使学生在各自的起点上尽快理解软件面向实际生活的应用价值，尽快掌握一定的操作技能，并能应用软件去解决实际问题，它是训练提高学生操作能力的有效地教学方法。类似 Photoshop 这样的图像处理软件，其技术应用的范围较广，技术操作比较复杂，还要与其他工具混合使用，在对众多滤镜了解的基础上还需要丰富的想象力，范例教学方法就比较适合。

滤镜是 Photoshop 的核心功能之一，教师应使学生了解常用滤镜的作用，能根据需要合理使用滤镜，以获得对图像进行有效加工处理的能力。在教学中，教师展示一组普通图片和一组经过滤镜处理过的图片，引导学生思考如何处理才能使第一组图片变成第二组图片，在大家一致得到可以手绘也可以通过 Photoshop 的滤镜功能完成后，教师引导学生找出滤镜中对应的选项，演示并指导学生对每幅原始图进行加工。学生练习后，教师讲授利用“滤镜”菜单可以模拟现实的绘画技法，可以制作出手绘无法达到的效果。强调滤镜中“作用区”概念的重要性；BMP 和 GIF 格式的图片需要转换格式后才可使用滤镜；颜色的设定对许多滤镜有影响；Photoshop 的滤镜功能也是开放的、可扩充的智能工具。然后，教师指引学生观看教学网站上提供的 4 个图文并茂的简约而完整的滤镜应用制作范例，范例内容是教师使用 Photoshop 滤镜制作作品的操作过程：水材质的制作、木材质

---

① 李相海：《初等教育信息技术课程教学论》，第 157～164 页，郑州：郑州大学出版社，2008。

② 王荣良，高淑印：《信息技术课堂教学案例发展点评》，第 59～64 页，北京，教育科学出版社，2011。

的制作、相角的制作(Photoshop 动作功能)、相框的制作(滤镜的综合应用)。最后，教师布置任务，就近的 2～3 人组成“魔画艺术工作室”，制作要求如下：每组要求有一个“柔光”效果和“水彩画”效果，此外从提供的范例中任选两个效果进行制作、小组长负责分工和统一上传作品、每组至少上传 4 个作品。学生按照教师要求制作作品，教师巡视指导。

本案例通过提供范例，并注重范例的典型性，适当增加范例多样性，为学生提供“变式”训练的机会，再配合教师的有效引导，最终获得了良好的教学效果。

标　准	结果指标
7. 关于课程的知识	7.1　掌握信息技术学科的课程性质、课程目标、课程内容、课程组织和课程评价等知识。 7.2　理解课程改革中提出的理念，并知道如何实践课改中倡导的价值与行为。

7.1　掌握信息技术学科的课程性质、课程目标、课程内容、课程组织和课程评价等知识。

【内容要点】

课程性质是设计课程和实施课程的基本出发点，课程性质揭示了课程的地位和课程所具有的特有价值。中小学信息技术学科的课程是培养学生信息素养和综合素质的基础课程，能为学生未来生活、工作和学习奠定重要的基础。信息技术学科的课程能使学生掌握必备的基础知识和基本技能；培养学生的抽象思维和逻辑推理能力；培养学生的创新意识和实践能力；促进学生在情感、态度价值观方面得到发展。形成在日常生活与学习中应用信息技术解决问题的基本态度与基本能力，形成与信息社会相适应的良好行为习惯，为培养能够适应信息社会发展挑战的创造性人才打下基础。对于培养学生的信息素养显得尤为重要，因此信息技术教师要全面掌握如下内容：

(1)基础性

信息技术课程的基础性主要体现在两个方面：一是信息技术课程以培养学生的信息素养为目标，具有文化教育意义，区别于一般社会机构开展的信息技术职业培训；二是在面向实际应用的过程中，要求学生掌握信息技术的基础知识与基本技能，为其日后持续发展打下基础。

(2)技术性

信息技术课程具有较为突出的技术性(或操作性)，旨在使学生掌握常用的信息技术工具，并逐渐积累必要的技术应用经验和利用信息技术解决问题的经验，使学生初步理解与生活密切相关的信息技术概念与原理，体验其蕴含的方法和价值。

(3)综合性

强调信息技术课程内容的综合性与实践性，超越封闭的单一学科知识体系和固定的课堂教学时空局限，将信息技术与研究性学习、社会实践与社区服务等其他部分结合起来，与其他学科课程结合起来，面向学生的整个生活世界，帮助学生建构对世界的完整认识。

(4)发展性

信息技术课程不是对工具的机械操作和简单模仿。信息技术课程学习面向学生全面发展，以学生的体验、理解、决策、评价等认知活动为基础，在信息技术活动过程中培养学生的交流与合作的能力、解决问题的能力、适应信息技术不断发展并进行创新思维的能力。

除了熟悉信息技术学科的课程性质、课程目标、课程内容、课程组织和课程评价等知识外，还要分别理解为什么是这些内容，并能在教学中有意识地运用。

7.2 理解课程改革中提出的理念，并知道如何实践课改中倡导的价值与行为。

【内容要点】

课程改革中倡导的新理念、新观点，其中强调之一，教师要善于对学生解决实际问题的过程和方法的培养，使学生具有质疑问难的学习态度和学习精神；强调之二，教师要善于对学生信息技术学习方法和习惯的培养；强调之三，借助信息技术工具开展协作及参与社会活动习惯的养成；强调之四，在课程整体层面上要重视对信息道德、信息安全的教育，形成积极的有关信息时代的技术观和价值观。

中小学信息技术课程是培养学生科学素养和信息素质的基础课程，倡导面向全体学生，立足学生发展；突出科学探究，努力体现科学本质；加强科学、技术与社会(STS)之间相互联系的教育。使学生掌握必备的基础知识和基本技能；培养学生的抽象思维和推理能力；培养学生的创新意识和实践能力；促进学生在情感、态度与价值观等方面得到发展；能为学生未来生活、工作和学习奠定重要的基础。

标　准	结果指标
8. 关于教学的知识及学科教学知识	8.1　掌握有关信息技术学科的教学目标、内容、过程、原则和方法、组织和管理及评价等方面的知识，并知道如何运用。

8.1　掌握有关信息技术学科的教学目标、内容、过程、原则和方法、组织和管理及评价等方面的知识，并知道如何运用。

【内容要点】

本阶段教师在具备了一般教学知识和信息技术学科内容知识后，更重要的是学会应用在备课、说课、课堂教学、实践教学、听课与评课、课外辅导与课外活动以及写教学笔记与教学反思等信息技术学科常规教学中，同时能够体现信息技术学科的教学特点和教学原则。本阶段的信息技术学科教师能够根据学科教学知识(PCK)的概念(详见前言部分解释)，理顺信息技术学科教师的学科内容知识和教学知识的关系，形成信息技术学科教学知识(ITPCK)，即信息技术学科知识和一般教学法知识融合而产生的信息技术教师独有的知识。信息技术教师能够将信息技术学科内容知识转换成适合学生学习的教学方式或教学表征，来帮助学生学习。拥有 ITPCK 的教师，能根据特定的主题，针对学生的不同兴趣和能力，组织、调整与呈现学科知识，并进行有效的教学。信息技术教师的 ITPCK 作为一种动态的知识体系如图 3-8 所示，它强调信息技术教师在教什么和怎样在教的过程中扮演主动的角色。

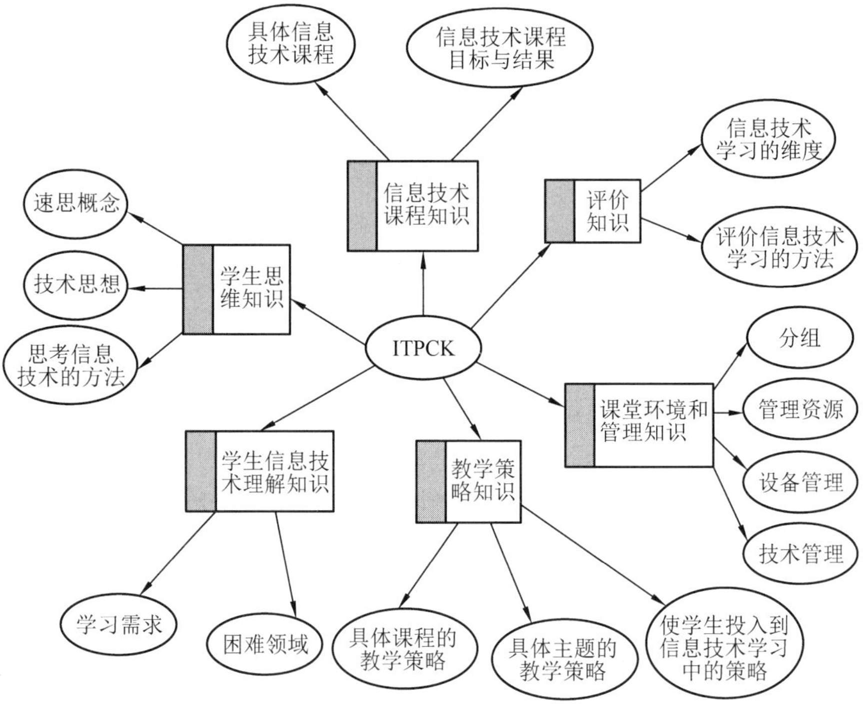

图 3-8 信息技术教师的学科教学知识

标 准	结 果 指 标
9. 科学与人文素养	9.1 熟悉科学研究的过程与方法，具有较高的科学素养，有培养学生科学素养的意识和行动。 9.2 具有积极向上、关爱他人的人文态度，形成一定的人文素养，有培养学生人文素养的意识和行动。 9.3 具有较高的信息素养，能够熟练获取、评价、处理和应用信息，具有较强的信息表达能力，在教学中注重学生信息素养的培养。

9.1 熟悉科学研究的过程与方法，具有较高的科学素养，有培养学生科学素养的意识和行动。

【内容要点】

科学素养的形成是一个长期积累的过程，这种积累伴随着生活、学习、工作的方方面面，教师职业特点决定着教师科学素养形成具有自主性、阶段性、情景性等鲜明特点。这个阶段的教师应该在积累科学知识的基础上，深入研究科学的过程与方法，感悟科学本质和科学探究的实质；在提升自身科学素养的同时，还要具有培养学生科学素养的意识和行动，在教学实践中不断寻求自身科学素养发展和完善的机会，能在理解的基础上将其运用于具体的信息技术教学情境中。这是一个相互促进的过程，最终的结果是取得双赢。

【举例说明】

以“信息获取的一般过程”课程学习为例①

信息技术时代，信息素养和科学素养的培养密不可分。本节课的教学重点是信息获取过程的分析和信息获取方案的确定，教学难点是信息获取的一般过程。为了加深学生对信息获取过程的认识，教师有两个拓展训练，一是以“明天的天气如何”为题，要学生判断广州明天的天气状况。教师提示学生联想初二语文课“看云识天气”，从云彩的状态，判断明天的天气。要看懂云彩，就得多观察、多积累经验的科学素养。而在通信发达的年代，在哪里可以找到天气预报，进一步引申，让学生网上查询，教师提供了中国香港地下天文台的网址(www. weather. org. hk)，该网站提供香港一周天气预报，提供的天气图、卫星云图刚好与高一地理教学配合；教师提供的广州雷达图网站(www. grmc. gov. cn/tqsk/gzrad _ r. asp)，使学生领略到雷达图，可以在屏幕上清清楚楚观察到附近200千米范围内，几十分钟前哪里下雨了，大雨还是小雨，是否正在向我们移动等。教师提供的世界各大城市过去天气的网站(weather. noaa. gov/index. html)可了解过去1小时至23小时内各地温度、湿度、气压、风向、风速、天气状况等。以上网站资料更新及时，学生通过这些网站，不但学会了获取天气信息，也学会了如何从获取的信息中分析出明天的天气状况，同时，也提升了他们的科学素养。

9.2 具有积极向上、关爱他人的人文态度，形成一定的人文素养，有培养学生人文素养的意识和行动。

【内容要点】

积极向上、关爱他人是这个阶段的教师应该具备的一种人文态度，在

① 李艺：《高中信息技术(必修)新课程案例与评析》，第68～76页，北京，高等教育出版社，2007。

教学中直接体现为实施以学生为本的教学，尊重学生的差异、关注学生的全面发展。在新课程实施的今天，教师角色要由知识的传授者转变为学生学习的促进者和学生发展的引导者，因此，教师在提高自身人文素养的同时也要具有培养学生人文素养的意识和行动，用自己的实际行动感染和教育学生。

9.3　具有较高的信息素养，能够熟练获取、评价、处理和应用信息，具有较强的信息表达能力，在教学中注重学生信息素养的培养。

【内容要点】

本阶段的信息技术学科教师，不仅要从文化素养(知识层面)，信息意识(意识层面)，信息技能(技术层面)这三个层面提升自己的信息素养，注重信息获取、信息检索、信息表达、信息交流等信息技能，还要注意信息素养所包含的独立学习的态度和方法，信息社会中合理生活和学习的责任以及将信息技能用于信息问题解决和进行创造性思维的综合信息能力。具体说，成熟阶段的信息技术教师，要具备如下的能力：

(1)运用信息工具的能力。能熟练使用各种信息工具，特别是网络传播工具。

(2)获取信息的能力。能根据自己的学习目标有效地收集各种学习资料与信息，能熟练地运用阅读、访问、讨论、参观、实验、检索等获取信息的方法。

(3)处理信息的能力。能对收集的信息进行归纳、分类、存储记忆、鉴别、遴选、分析综合、抽象概括和表达等。

(4)生成信息的能力。在信息收集的基础上，能准确地概述、综合、履行和表达所需要的信息，使之简洁明了，通俗流畅并富有个性特色。

(5)创造信息的能力。在多种搜集信息的交互作用的基础上，迸发创造思维的火花，产生新信息的生长点，从而创造新信息，达到收集信息的终极目的。

(6)发挥信息效益的能力。善于运用接受的信息解决问题，让信息发挥最大的社会和经济效益。

(7)信息协作的能力。使信息和信息工具作为跨越时空的、“零距离”的交往和合作中介，使之成为延伸自己的高效手段，同外界建立多种和谐的合作关系。

(8)信息免疫的能力。浩瀚的信息资源往往良莠不齐，需要有正确的价值观、甄别能力以及自控、自律和自我调节能力，能自觉地抵御和消除垃圾信息以及有害信息的干扰和侵蚀。

(9)较强的信息表达能力。能够在教学中注重学生信息素养的培养，注重在教学中将以上能力渗透给学生。

【举例说明】

以“让我们遨游在地球的上空——网上资源检索”为例①

信息素养不仅包括获取、评价、处理和应用信息，更重要的在于培养学生利用信息技术改善学习的意识和能力。网上搜索资源是信息素养的一个重要组成部分。它不仅能够获取信息，更重要的是能够获取有效的信息。因此，在教学网上资源检索的内容时，教师不满足只教会学生利用关键字搜索或掌握一些搜索技巧，而是给学生布置了一个开放的任务，让学生在完成任务的过程中不断探索，自发地掌握技巧、培养能力。为此，教师设计了一节综合活动课，通过让学生用 Google Earth 软件查找教师指定的地名的任务来激发学生兴趣，使其自发地使用搜索引擎，从而培养他们在实际生活中应用信息技术的能力。

维度二　专业实践

领域三　促进学生的学习与发展

标　准	结果指标
10. 创设良好的学习环境	10.1　建立良好的师生关系，创设安全的信息技术学习环境和民主的学习氛围，鼓励学生独立思考。

① 李艺：《高中信息技术(必修)新课程案例与评析》，第 116～122 页，北京，高等教育出版社，2007。

10.1 建立良好的师生关系，创设安全的信息技术学习环境和民主的学习氛围，鼓励学生独立思考。

【操作要点】

本阶段教师要在保证学生安全的学习环境基础上(详见从新手到熟练阶段指标 10.1 的表述)，思考如何在信息技术课堂教学活动过程中构建和谐民主的师生关系，可从以下几个方面着手：

(1)营造宽松型的课堂氛围，充分体现学生为主体、教师为主导的教学理念。

(2)使用激励性的课堂语言，营造和谐、宽松的环境，尊重和保护学生的好奇心和探索精神，关注学生基础水平和认知特点差异，鼓励个性化发展。

(3)合理选用并探索新的教学模式和教学方法，培养讨论式的课堂风气，诱导学生展开想象，启发学生的创造性思维。

(4)针对学生起点即基础不同，教师在设计教学方案中要遵循因材施教原则，采取有效措施鼓励不同学生之间互相帮助，提供多重式的成功体验。

(5)树立研究型的学习楷模，引导学生学会自主学习、主动学习。教师要不断地学习新知识，探索新教法，研究新教材，努力改进和提高课堂教学艺术。制订好个人发展计划，研究专业领域新动态，积累各类资料，从而潜移默化地感染学生。

(6)注重信息技术学科课堂的实践和讲述时间比，培养学生的动手能力和创造能力。

(7)采用科学的评价方式，鼓励学生求异思维，对学生的积极表现给予及时肯定。

标 准	结 果 指 标
11. 设计合理的教学方案	11.1　能够基于信息技术学科课程标准、学习内容、教材分析、学情分析确定具体而清晰的教学目标并进行准确的表述。 11.2　能够正确把握教材中的基本内容及其联系，确定学习重点和难点，并掌握突破重难点的方法。 11.3　能够依据教学目标设计连贯性的教学进程，设计合理的学习活动。 11.4　能够依据教学目标、内容和进程恰当地设计教学评价。 11.5　能够提供相应的学习资源。

11.1　能够基于信息技术学科课程标准、学习内容、教材分析、学情分析确定具体而清晰的教学目标并进行准确的表述。

【操作要点】

课堂教学目标的制定，主要涉及教学目标的确定和教学目标的表述两个方面的问题。教学目标的制定要以学科课程标准、具体的学习内容为基本依据，还要考虑学生的认知基础和心理发展水平等情况，既要使它能直接指导教学，也要使它便于评价。因此，教学目标的表述应该是明确具体、可操作、可观察测量。一个完整、具体、明确、规范的教学目标应包括主体、行为、条件和标准四个要素，一般用“行为主体＋行为条件＋行为内容＋行为结果”的形式表述。本阶段教师要能够通过具体实例，理解学科课程标准、学习内容、能够在教学设计中关注学生的学习基础(知识、方法)，正确表述教学目标。要注意的是，“过程与方法”中的“过程”，不是教师设计的教学过程，而是学生实际学习的过程体验，很难写在教学预案里；“方法”，不能理解为教学方法如讨论、探究等，而应理解为学生通过本课的学习，需要掌握的方法，包括特定内容的学习方法、思维方法。

【举例说明1】

小学案例："修复图片小帮手"①

每位教师的教学经历和经验不同，在处理教学内容，分析学生情况等方面的考虑是不同的，下面是"修复图片"一课的处理过程：

1. 教学内容分析

此课知识方面，让学生通过大量的练习，巩固学生修复图片的技能。在实践体验的基础上，引导学生对比前面学习的两个修复工具的不同之处，初步掌握三个修复工具使用的时机，强化学生的使用技巧。另外，还通过使用"帮助"菜单，帮助学生快速掌握修补工具的使用方法。知识点不是很难，重在指导学生如何阅读、分析"自学帮助"辅助自己的学习。在修复过程中，学生容易出现修改不精的问题，觉得"差不多"就成了，因而在学生实践中要有意识地培养孩子"修复要耐心、细心"的好习惯。

2. 学生特征分析

授课对象为小学五年级的学生，大部分学生能够较熟练地使用"污点修复画笔工具"和"修复画笔工具"修复图片，为本节课的学习奠定了一定的基础。五年级学生不仅具有上机实践能力，而且拥有一定的自学能力，能较快阅读一段文字，通过"自学帮助"辅助自己的学习。

3. 教学目标描述

依据对教材及学生的全面分析，本课的教学目标如下：

(1)知识与技能

①学习使用"帮助"进行自主探究。

②学会使用修补工具对图片进行修复。

(2)过程与方法

通过使用"帮助"进行自主探究，引导学生分析、解读学习内容，使学生掌握"修补工具"的使用技巧，逐步使学生能够借助"帮助"，养成良好的学习方法。

(3)情感态度与价值观

在质疑、解决问题过程中，培养学生做事细心、耐心的好习惯，恰当

① 本案例教学内容来自北京版小学信息技术教材第3册第1单元第3课。由北京市西城区育翔小学梁霞提供，本课教学设计曾获北京市小学信息技术教学设计比赛二等奖。

地进行德育教育。

案例分析：此案例教师在整个分析的过程中，思路清晰，对教材的分析有取舍，对教材进行了很好的二次开发处理，因此确定的教学目标比较合适。如果教师考虑的内容不全面，会影响教学目标的制定漏项，如果考虑过于细致，会抓不住教学目标的重点，以至于在课上影响学生的学习效果。由此可见，教师必须重视日常的学习与积累，同时还要多读书、注意丰富自己的教学经验。

【举例说明 2】

初中案例："搜索引擎——在网上查找信息"①

教师力图在本课的教学过程中，指导学生使用搜索引擎查找资料的方法，引导学生对搜集到的资料进行筛选和处理。教师在课堂上通过创设情境，布置有意义的学习任务，使学生愿意接受任务，乐于学习知识，使学生在搜索查找这些资料的过程中充分体会搜索引擎的主要作用，感受网络对于自身学习和生活的帮助作用。综合考虑教材、学生的问题，教师将本节课的教学目标制定如下：

①了解搜索引擎的基本工作原理。

②初步掌握按关键字搜索的方法查找网上信息。

③通过创设的学习情境，使学生感悟网上获取信息的基本过程和方法，提高他们获取信息的能力，为学生的今后成长奠定基础。

④使学生根据生活中的问题或需要，初步具有获取信息及鉴别的能力。

⑤使学生初步具有网络安全及信息意识，初步建立尊重资源与保护知识产权的意识。

案例分析：此案例主要靠学生自己在实际使用中去体验感悟，由教师将经验总结后形成知识。类似这样的知识，教师讲得再多，效果都不如让学生多动手实践。教师应重视日常的学习与积累，同时还应注意日常总结积累教学经验。

---

① 本案例教学内容来自广东教育出版社《信息技术基础》第四章第一节。

11.2 能够正确把握教材中的基本内容及其联系，确定学习重点和难点，并掌握突破重难点的方法。

【操作要点】

对教学重点和教学难点的描述都是直接针对教学内容本身的，而不是行为目标，这一点和教学目标是不同的。为此教师要做到：

(1)能够分析教材所涉及的基本事实，并画出单元知识框架。

(2)在分析中能够描述知识的纵向与横向联系。

(3)有意识将知识置于某一个知识或能力框架内进行解读。

(4)关注学生相关知识的学习基础。

(5)对学生新知识形成过程中可能遇到的困难进行调研。

(6)根据调研资料全面分析学生的学习任务，从而确定学习难点。

【举例说明】

“信息的编程加工——活学活用‘宏’”一课教学重难点的修改

1. 原教学重点和难点

(1)教学重点

①体验通过编程实现计算机加工信息的整个过程。

②指导利用计算机解决问题的步骤和基本思想。

③能描述计算机信息加工的内在机制。

(2)教学难点

①能解释人的思维在计算机工作中发挥的作用。

②能用算法描述实际问题。

2. 修改后的教学重难点

(1)教学重点

①编程实现计算机加工信息的整个过程。

②利用计算机解决问题的步骤和基本思想方法。

③计算机信息加工的内在机制。

(2)教学难点

①人的思维在计算机工作中发挥的作用。

②用算法描述实际问题。

11.3 能够依据教学目标设计连贯性的教学进程，设计合理的学习活动。

【操作要点】

连贯性的教学过程一方面体现在通过设计问题的连续性使学生的思维连贯；另一方面体现在通过教学内容的组织与呈现，使得教与学的逻辑合理、内容转化有序。

依据教学目标选择教学内容的同时，还需要考虑教学内容的组织与呈现。教学内容的组织涉及两次逻辑转化，即将教材逻辑转化为学科逻辑，将学科逻辑再转化为学生的认知心理逻辑，只有这样，组织起来的教学内容学生才易懂易会。

【举例说明】

“表格信息加工”一课的教学进程

教学目标：能熟练操作表格加工软件的常用功能；能恰当选用图形化表达方法呈现主题、表达意图；能选择合适的工具加工表格数据；能通过对数据的分析、研究、挖掘出更有价值的信息；能对表格数据进行多元化加工和分析。

围绕这一教学目标，教师的教学过程如下：

第一课时　获取数据

第二课时　整理加工

第三课时　加工表达

第四课时　分析运用

在第一课时中，首先，让学生体验不同工具软件中表格功能的应用，和学生共同体验日常学习、生活中表格的应用，如课表的例子，教师分别演示 Word、PPT、FP、Excel 中表格的运用。最后，归纳总结如何根据表格的功能选择恰当的工具软件。随后出示了在线调查问卷，要求学生填写，从而获取了直接的、有意义的数据。

第二课时中，首先，呈现上节课学生提交的数据表格，指出需要整理表格，删除(筛选)无效信息。常用的方法是应用工具软件对不同字段分别排序。其次，提出任务，分析班级学生的血型分布情况，启发学生运用排序、分类汇总等加工数据的常用方法。最后，选择恰当的方法表达数据统计结果。

第三课时，通过对数据的获取、整理(筛选)、加工(排序、分类)、分析和表达等方法的回顾，学习表格中重要数据的统计、汇总、分析和运用，最后，学习数据直观表达方法的应用和比较。

第四课时，首先，评价、小结。教师对学生上节课4个学习任务的完成情况进行点评；对表格数据图形化直观表达方法进行小结。然后，演示、探究。演示四个品牌电脑三年来销售情况表，并让学生分组探究其他三个案例如台式电脑销售情况、笔记本电脑销售增长对比等案例，由教师总结出表格数据加工的多元性。数据是对客观事物的量化，由于客观世界的丰富性和多元化，数据所包含的信息也是多义的。同时，因为人们所扮演的角色不同，需求有所差异，对数据的加工总是带有一定的选择性。接着，通过第二次在线问卷，进行知识的巩固和反馈。最后，归纳、总结。①表格数据加工单元教学过程；②信息加工的过程和方法：使收集到的信息满足需要；③信息加工的目的：创造新的信息，使信息具有更高的使用价值；④链接中国互联网络信息中心(CNNIC)，查看《中国互联网络发展状况统计报告》，学习信息获取方法、研究方法的简介，并将学生作业中的图形表述与CNNIC报告中的某些图形对比，给予鼓励。⑤友情建议：将本单元学习掌握的方法——调查研究作为研究性学习、创新实践的方法之一。

这样的教学过程，平实而严谨，巧妙构思、设计周到的环节始终将学生牢牢控制在学习过程之中。课堂上引人入胜的知识环节、小练习、抽查、提问等，还专门针对使用图表进行数据分析出错的学生提问，让学生在学习活动中紧张而有趣，每节课都能吸收大量信息。既结合教材又不简单照搬教材，成功超越了某种具体工具的学习，上升到面向生活需求而使用表格进行信息加工的水平上，达到了令人满意的结果。

11.4　能够依据教学目标、内容和进程恰当地设计教学评价。

【操作要点】

教学目标具有导教、导学、导测量的作用。信息技术课程的评价是开放、灵活的，评价方法多种多样，可以有书面测试、方案和作品评析、过程记录卡、访谈、活动报告等。这些评价方法各有特色，适合不同的评价对象，评价者要根据具体的评价目标、具体内容，客观分析并灵活运用这些评价方法。

本阶段教师要善于利用信息技术工具进行教学评价，促进教学目标的达成。例如，可以利用相应软件生成和制作评价题目、评价量规，生成对班级学生或某个学生的评价结果分析报告，分析测试题目或评价项目的难度、区分度等。此外，要注意通过观察学生在讨论、学习研究活动中的表现评价学生，重视学生的自评和互评，评价结果采用评语和等级评价相结合的方式。

【举例说明】

“搜索引擎”一课的学习效果评价①

1. 前置性评价

可以通过课前的问卷调查，了解同学们收集了大量的资料，将学生进行分组，指导学生通过自主探索，协作学习的方法来完成任务。见表1。

表1 前置性调查问卷

	在家上网经历			搜索过哪些资料					习惯用哪个网站搜索资料					
	经常上网	很少上网	没有上过网	网页	图片	音乐	视频	其他	百度	谷歌	新浪	搜狐	雅虎	其他
学生人数														

2. 评价量规

可以通过评价量规来检测学生的学习情况。见表2。

表2 学生小组课堂评议表

学校： 班级： 年 月 日

评价要点		评价等级		
		A(优)	B(良)	C(一般)
学习内容	结合主题，涵盖的知识点			
	文字通顺，无错别字			
	引用的素材应注明出处			

① 案例来源：由北京市玉桃园小学李鸿娟提供。

续表

评价要点		评价等级		
		A(优)	B(良)	C(一般)
技术操作	选用制作工具和表现技巧恰当			
	技术运用准备、合理、适当			
小组协作	分工明确，协作完成			
	学习态度是否端庄、认真			
艺术表现	有一定的审美能力			
	版式设计合理、生动活泼风格协调			
	图文并茂，文字清晰易读			

小组成员：　　　　　　　　小组组长：

11.5　能够提供相应的学习资源。

【操作要点】

这一阶段的教师应该在掌握上一阶段提供教学资源的基础上具有比较强的筛选、分类及处理资源的能力。

(1)能够提供文本、图像、视频、动画等各种教学资源，并能够分类、筛选，最后归档整理。

(2)能在资源使用中加强版权意识，不能随意滥用资源。

标　准	结果指标
12. 实施有效的教学活动	12.1　根据教学内容，能够合理安排教学时间，灵活掌握上机与讲授的时间比，运用恰当的教学策略，完成预设的教学任务。 12.2　掌握信息技术学科适用的教学模式以及多样的评价方式。 12.3　能够调控教学进程，处理好教学预设与教学生成的关系，并及时处理课堂上的突发事件。 12.4　能有效组织学生参与社区和服务社会活动，增进对社会的认识与体验，采用多种方式，发展学生的社会实践能力和社会责任感。

12.1 根据教学内容，能够合理安排教学时间，灵活掌握上机与讲授的时间比，运用恰当的教学策略，完成预设的教学任务。

【操作要点】

本阶段的信息技术教师应了解信息技术课的教学策略，知道信息技术课的教学形式，并能够在此基础上根据教学内容有意识地选择正确的教学策略，合理地安排好上机时间与讲授的时间，完成教学任务。信息技术课的理想教学环境是人手一机，在机房讲授与上机。

在完成教学的过程中，设置每一节课的教学问题要根据教学的环境、学生的认知能力、理解能力、接受能力精心设计。教学问题是在备课时，由教师根据学生的情况分析以及教学机房设施等条件而设置的。在授课时就有可能发现，课前设置的教学问题，由于学情不同会有一些偏差，课后在教案的反思部分需要调整改变，并要及时地总结经验和教训，提高自己在备课时设置教学问题(重点、教学目标)的精度和准确度。

【举例说明】

在教学实施过程中，教师要设置每一节课的教学问题(如教学重点)，并根据教学环境、教材分析、学生的认知能力、理解能力、接受能力等进行精心设计，同时还要能够合理安排教学时间，恰当运用教学策略，从而保证有效教学。例如，有如下两个难点始终困扰着小学低年级学生学习、使用计算机：

在学习计算机的文件管理中，学生不易理解的问题是“路径”和“光标”两者之间的关系。

①路径是信息资源管理(文件管理、数据库管理)的重要环节，是对信息资源整体结构化认识的体现。

②光标比鼠标出现得早，在不同的状态下，光标为最小时通常表现为闪动的竖直线道“｜”(或下横线道“_”)，有时光标表现为“选中”的反显(或高亮)部分(块)，这部分(块)有可能是选中的文件全部内容，也是光标最大的时候。难以区别是光标操作还是对文件操作。

对于义务教育阶段的学生，教师在讲授中，应该示范性地通过教学课件进行直观演示，语言表述要清晰，可以利用辅助的上机练习，还可以把具体的操作步骤以学习课件的方式提供给学生作为辅助性的学习资料，这样有效地帮助学生解决了学习中的问题，较好地突出了学习重点，充分调动了学生的积极性和主动性。

12.2 掌握信息技术学科适用的教学模式以及多样的评价方式。

【操作要点】

教学模式是在一定的教育思想、教学理论、学习理论的指导下，在一定环境下展开的教学活动进程的稳定结构形式，是开展教学活动的一套方法论体系，是基于一定教学理论而建立起来的较为稳定的教学活动的框架和程序。在教学实践中我们会发现，不同的教学活动采用的是不同的教学模式。信息技术学科教学中常见的教学模式可以归纳为以下几种：

(1)启发引导教学模式

(2)主动—互动—探究教学模式

(3)情境教学模式

(4)知识关联模式

(5)范例教学模式

(6)有意义接收学习的教学模式

(7)任务驱动教学模式

(8)研究性学习教学模式

(9)基于问题式学习教学模式

(10)学科整合式教学模式

(11)合作学习教学模式

每种教学模式都有其优势，也有自身的局限。因此，不可能用一个模式去完成所有的教学任务。本阶段的信息技术学科教师，要能够知晓信息技术学科的各种教学模式和评价方式，并能根据教学的具体目的、条件以及学生的情况，娴熟地选择最适合的教学模式组合，并能够设计相应的评价方式，还能够利用评价结果指导学生学习，提高自己的教学水平。

12.3 能够调控教学进程，处理好教学预设与教学生成的关系，并及时处理课堂上的突发事件。

【操作要点】

课堂的调控能力成为新课程下教师的主要素质之一。在教学中，应注意把信息技术知识应用于实践、结合生活实践进行任务设计。要把学生作为认识的主体，通过课堂任务设计让学生提升信息素养。

新课程要求提高教师创造性生成课堂的能力。实施教学前的教学设计在一定程度上是一种教学预设，在教学实施过程中，有些教学预设能够实现，有些预设目标可能并没有达到。信息技术课堂教学具有很强的实践性，教学过程经常会出现一些教学变化，教师要能根据课堂教学变化的特点，对课堂教学进行调整和完善，提高自身处理“教学生成”能力。为了有效地促进和把握教学生成，本阶段的信息技术教师要不断地捕捉、判断、重组课堂教学中的问题，把课堂教学中有价值的新信息和新问题纳入教学过程，使之成为学生发展的动力。在教学后，教师要针对教学过程中的问题进行思考和讨论，对原教学设计进行修订、更改、充实、完善，实现课后的教学生成。然后对完善后的教学设计进行验证，与第一次教学实施进行比较，分析两个教学过程和教学效果的差异，提高信息技术教师的“教学生成”能力。

在课堂教学中教师经常会遇上一些突发事件，打断教师的教学行为和师生们的思路，转移学生的注意力，影响教学的正常进行。要想处理好课堂上的突发事件，教师首先要熟悉教材、教法，学生的学习情况以及个性品质。只有这样才能充分估计到学生可能出现的情况。其次，教师的处理方式和方法一定要灵活机动，因人而异。同时采取的手段要多样化，尽量使学生在心理上取得认同，并要防止学生行为上的反复。最后，教师要注意语言运用恰当。处理得当的突发事件，可有效化解为成功教学的突破口。

【举例说明】

将突发事件转化为教育契机①

我让每个组推荐一幅作品，报机号即可，我一一转播他们的作品，大家一起评论。突然，同学们哄堂大笑起来，这是5组的作品，作者不但给自己戴上了黑色的帽子、墨镜，还把一根高级香烟放到了自己嘴里，配有“我够酷吧”的文字。“如果吸烟的话，学校可要开除你的，况且吸烟是有害身体健康的。”我看着他说，“老师，我不会吸烟，我也没吸过烟。”“那就好，如果没有那支烟的话，会更酷！现在把那支烟拿掉吧。”他笑了。

---

① 节选自马艳梅：《数字化图像的简单合成》，载《信息技术教育》，2006(9)。

"大家说，应该怎么办呢?""很简单，删除图层即可。"学生们不假思索地说。"就一个图层怎么删除呀，怎么成了一个图层了呢?"5组的同学有些不理解。我问："大家知道为什么吗?"

"是文件格式的事吧?"几个学生小声说。

我解释说："说得很好，虽然'*.jpg'格式的文件相对于'*.psd'格式的文件来说，占用的空间要小得多，但当我们把文件保存为'*.jpg'格式的时候，所有的图层就被合并成一层，不能再按原来的图层进行修改。如果需要对保存过的图像进行修改，必须……"

学生的学习状态和行为时很难预先做出准确判断的，而且只要有师生互动，教学过程就可能产生"意料之外"的事件，信息技术课一般都在计算机房进行讲授，因此，在计算机教室上课，有时候会突然出现停电现象，或者学习网络课程的时候网络出现故障，不能上网等。这些都需要教师动态处理教学过程的智慧和艺术，才能有效化解突发事件，调整教学活动，生成富有生命气息的课堂教学。

12.4 能有效组织学生参与社区和服务社会活动，增进对社会的认识与体验，采用多种方式，发展学生的社会实践能力和社会责任感。

【操作要点】

(1)体验并初步学会调查研究与访问、实验研究与观察、设计与制作、社会参与服务、信息收集与处理等多种实践学习方式，发展学生获取、筛选、加工处理信息的能力。

(2)参与社区和服务社会活动，采用交流、答辩等不同方式，处理并发布信息。

【举例说明】

小学单元教学设计案例——我身边的数码相机

该课例采用探究学习模式完成单元学习活动设计，教学活动历时一个月，分7课时完成。当中，教师设计了"提出问题—猜想与假设—制订计划与设计实验—分析与论证—总结与交流"的探究学习活动，使学生体验了信息技术课程中的探究学习过程，并锻炼了学生的社会实践能力。

1. 学习目的

了解数码相机的性能，掌握使用方法。

2. 课时安排

7 课时。

3. 教学/学习过程

第一课时：提出问题，猜想与假设。学校现在要为每个班级添置一台数码相机，每个班的教师和同学可以自己决定选购的相机品牌和型号。希望通过一次探究学习，为本班选购一款性价比好的相机。学生先根据自己已有的生活经验提出假设，教师给予鼓励：有的学生因为自家所用要买一台索尼相机；有的学生说尼康品牌是专业信得过的品牌；有的学生倡议要买一台佳能相机……

第二课时：制订计划与设计实验。

①以小组为单位到网上查找资料，了解各款相机的性能及用后反馈情况。选出三款学生最感兴趣的相机作为研究目标。

②到专业相机商店去了解初步选定的品牌和型号，向售货员询问各种相机的性能及市场价格，并索要这几款相机的宣传单，以便进行研究和对比。

③亲自尝试操作几款挑选的相机，切实感受功能及拍摄效果。

④发放调查问卷，了解购买这几款相机的售后反馈、保修及维修情况。

第三、四、五课时：进行实验与收集证据。将全班同学分成若干小组，按以上制订的计划，组织学生开展探究活动。

第六课时：分析与论证。

①这一过程就是对实验中得到的相关信息进行汇报和比较，对探究的结果进行阐述，通过分析与论证得出结论。

②经过调查和研究，学生把在实践活动中得到的各种信息进行归纳、整理、比较、分析，然后组内、组间进行交流，最后每组推荐一款相机。

第七课时：总结与交流。

这一过程各小组把实验过程和结论写成实验报告，并分别在班上报告本组实验结果，进行讨论与交流。由每组成员写好建议书，不仅要写清建议购买的相机的品牌和型号，还要写清推荐这款相机的理由及目的，对推荐的相机要做全面的介绍。

各小组在班级宣读建议书，报告实验过程。民主评议选出最优。评选出一个最佳购买方案。

本案例主题设计符合学生的兴趣爱好，与学生的生活息息相关。在整个探究学习的过程中，同学们不仅获得丰富的相机知识，接触到许多新信息，而且把学习内容从课堂延伸到社会，探究学习的兴趣得到了培养。

标　准	结果指标
13. 培养良好的学习习惯与指导学生学会学习	13.1 结合课堂与课外学习内容，运用具体的方法，指导学生习得自主、合作、探究的学习方式，形成良好的学习习惯及学习方法。 13.2　能够根据信息技术学科的思维特点，有意识地训练学生的思维方法及创新精神。

13.1　结合课堂与课外学习内容，运用具体的方法，指导学生习得自主、合作、探究的学习方式，形成良好的学习习惯及学习方法。

【操作要点】

(1)教学中能够设计更多的自主学习活动，留出更多的自主学习时间，引导学生自主学习。

(2)布置一些自选的学习任务，或分层次的作业，引导学生在课外自主学习。

(3)要求学生做节假日的学习计划，培养学生自主学习能力。

(4)尝试改变以教为主的教学模式，更多采用以学为主的教学模式。诸如自学辅导、先学后讲、学生讲课等。

(5)更多地采用合作学习方式，组织学生开展合作学习的方式。

(6)能够比较合理地设计合作学习活动，能够注意分配学生角色、提出恰当的合作学习任务、注意合作学习的效果与评价。

(7)能够针对班级和学生的实际情况，有针对性和重点地促进学习习惯培养。

(8)更加重视核心的学习习惯，比如思考习惯、提问习惯等。

(9)在教学评价中注意对学习习惯养成的评价，鼓励学生养成好的习惯。

(10)能够对某些学生或某些学习习惯的培养进行专题的研究。

13.2 能够根据信息技术学科的思维特点，有意识地训练学生的思维方法及创新精神。

【操作要点】

信息技术作为一门综合性学科，其思维的具体形式是由批判性思维、技术思维和算法思维等具体思维统合而成的整体性思维。

批判性思维是信息技术学科的基础思维，是有效教授和学习信息技术的基础，包括技术批判思维、信息批判思维、媒体批判思维、程序批判思维等。信息技术学科教育的本质是信息素养教育，主要解决个体“能够认识到何时需要信息，能够检索、评价和有效地利用信息”的综合能力，它涉及提出、评价和确定好的信息的问题，检索方法的比较与选择，信息的查询，信息的识别和筛选，信息的分析，信息的评价、组织和利用等，这些信息活动都蕴含着批判性思维。

算法思维包括功能性解构，循环(反复/递归)，基本的数据组织(记录、顺序、表)，概括和确定参数，算法与程序，自上向下设计、细化等。算法思维是利用计算机解决问题的一种心智活动，是人机共通的思维。

技术思维是信息技术学科的实践思维，是运用概念、判断、推理等纵向思维及比较、分析和综合等横向思维而形成的，只在理解和解决技术任务/技术问题或从事技术活动的一种综合性的高级实践思维。信息技术系统硬件的维护，系统软件和应用软件的修复，多媒体作品的设计与开发等，都蕴含着各种技术任务或技术问题，它们的解决或实现则依赖于技术思维。

本阶段教师在深刻理解信息技术学科思维的基础上，要在教学中有意识地训练学生的思维方法及创新精神。作为教师，首先要善于发现学生在日常学习生活中遇到的实际问题，并进一步引导他们利用信息技术，解决所遇到的问题。其次要引导学生在动手操作、自主探究和解决问题的过程中把“学技术”和“用技术”融合在一起，主动建构和理解知识、掌握技能、培养学生思维方法和创新精神的意识。

标　准	结 果 指 标
14. 开展多元的学习评价	14.1　熟悉信息技术学科评价的内容和特点。 14.2　灵活选择不同的评价工具和方式，实现过程性评价和终结性评价的有机结合。 14.3　能够指导学生进行自评。 14.4　通过学生自评、生生互评以及师生互评等方式实现评价主体多元化。 14.5　能够采取合理的方法评价学生的学习效果。 14.6　能够有效利用评价结果对学生进行个别辅导或分层辅导，对教学进度和教学策略进行调整。

14.1　熟悉信息技术学科评价的内容和特点。

【操作要点】

(1)信息技术学科评价的特点。应用性和内容更新快是信息技术学科的两个特点，所以，学生的探究性学习能力和创新能力是信息技术学科教学目标的重要内容。无论是信息素养培养的要求，还是信息技术学科的特点，都表明信息技术学科的评价更适合综合性的评价方式，体现发展性评价理念，有效提高学生信息素养，促进学生发展，注重学生真实情境中的表现，在重视个性化发展的同时，强调相互之间的合作，必须注重学生信息意识和情感、信息伦理道德修养、信息科学技术尝试和信息能力的全面评价。

(2)信息技术学科评价体系的目标和评价内容定位。信息技术学科的评价体系中，要把评价贯穿于整个信息技术教学过程，使学生在整个学习过程中始终有阶段学习目标和总体学习目标，变被动应考为主动测评，在完成阶段学习任务的同时完成总体目标学习。为此，信息技术学科评价体系应包括基本概念评价，基本技能评价，创作、创新能力评价和综合应用能力评价。当然，在教学过程的不同阶段，评价的重点和要求有所不同。

①基本概念评价。基本概念是信息技术应知应会的常识性内容，为减轻记忆负担和应试负担，对这部分内容的评价可采用客观题题库测试的方法，将题目按学习阶段分类测试评价。

②基本技能评价。基本技能评价是对学生计算机和网络操作技术熟练化的评价。评价重点在行动的定型化方面。以汉字输入技能为例，测评分阶段进行，从一开始训练就做测试，让每一位学生知道自己的初始状态，

随后每周测评一次，记录每次输入的速度；最终的评定不以某一次成绩为准，在要求达到基本速度的同时，综合考虑训练师的速度的提高率来确定汉字输入技能的成绩。

③创作、创新能力评价。创作、创新能力评价主要评估学生对所学到的信息技术技能应用于解决问题的能力。应用工具软件创作自己的作品，是信息素养培养和创新能力提高的主要渠道，可以随着学习不同的工具软件分别进行培养和测试。例如，在学习文字处理软件后，让学生们上机制作一份 A4 纸张大小的彩报，要求内容健康向上，版面设计不拘一格，文字优美流畅，色彩搭配美观大方。学习数据处理软件后，学生可以用 Excel 软件解决父母身高与子女身高之间的关系、十年来人们消费水平的变化等。学习图像处理软件以后，可以要求学生以社会上的热点话题为主题，设计一个图像文件，要求主题鲜明，内容健康向上，恰当运用前面学习的知识点，作品要有创意、有创新，图像的合成不要太生硬，注重图像的色彩搭配，注重作品的美感和艺术性。

④综合应用能力评价。主要是激励学生自觉应用信息技术解决实际问题，提高信息技术处理能力，达到信息技术学科培养学生信息素养的最终目标。如学习演示文稿的制作之后，可以要求学生自制讲演稿，并在全班作专题讲演，评价是对学生的整个讲演做评定，此时信息技术仅作为讲演的工具；在讲演中要求其他学生也要按照评价标准为讲演者打分，学生成绩由全体学生打分的平均分和自己为其他同学所打分与平均分的相关性两个因素构成，这样，学生为其他同学打分质量也将成为自己成绩的一部分，学生既是评价者，也是被评价者，学生在评分过程中也学习了其他同学的优点。

14.2　灵活选择不同的评价工具和方式，实现过程性评价和终结性评价的有机结合。

【操作要点】

这个发展阶段的教师要能够设计多样化的评价方案，常用的评价工具主要有：

(1)试卷。主要用于阶段性的结果性评价。

(2)量规和评价表。量规是指为一项工作列出标准的评分工具，即一种量化的评分表，一般采用二维表格形式，把评价的具体项目和分值呈现出来。量规可以使评价的结果比较准确、客观，操作起来也很便捷，而且能对学习者起到目标定向的作用。它的使用非常广泛，如大规模考试中的作文评分标准和细则，就是一种典型的量规。

区别于量规的分值形式，评价表是用主观性的问题构成评价内容。比如对同学的发言或演讲进行评价。评价表上可以有这样一些问题：你认为他讲话的内容怎么样？哪些东西对你很有启发？他的讲话让你联想起什么？你认为他的语言表达能力如何？……

此外，学习履历表、竞赛表也是过程性评价的方式。学习履历表和竞赛表，都需要详细设计评价内容的项目(如课堂发言的积极性、代表小组汇报研究成果的次数和表现、日常测验的成绩等)，作为记录和评价学生学科学习状况的依据。竞赛表可以在教室的墙上贴一张大表(网络普及的学校，也可以把竞赛表发布在校园网站上)，详细罗列学生在学科学习各个方面、各种检测、历次活动中的表现和成绩。如果以小组竞赛的形式出现，更可以激发学生的团队荣誉感和力争上游的决心。学习履历表可以人手一份的形式出现，每个学生保存和填写个人的学习履历。

(3)档案袋。档案袋评价，是当前非常流行、也非常有效的一种过程性评价。为每位学生建立学业档案袋，其中包括学习过程中的各种原始记录，日常学习和历次活动中的表现(态度和成绩)，各种形式的作业和作品(如读书笔记、研究报告，发言录音、演讲、戏剧表演中的录像光盘)，还包括老师、同学、家长等各方面的评语等。档案袋，可以全面反映学生的学习过程和点滴进步，能督促学生养成在日常学习中一丝不苟的态度以及积极参与各种活动的热情。

(4)概念图。把阅读材料中的重要概念和关系，用树状或网状图表表示出来，这就是国外流行的概念图，它的类似形式是提纲、表格。制作概念图，可以作为对学生理解能力的一种评价。

(5)学习契约。也叫学习合同，适用于差异性教学与个别化指导。学生与老师或同伴制订学习契约，注明学习的具体目标、内容、方法、过程、时间安排等内容，相当于一份项目实施方案。学习过程中、结束时，都可以时时对照契约或合同来监测和评价。这有利于加强学生的自主学习意识和自我责任感。

在评价中要注重学生成长发展的过程，把终结性评价和过程性评价有机地结合起来。

【举例说明】

“麦当劳薯条原料的研究”学生多媒体演示文稿评价量规

小组成员：

学校年级：北京市平谷区山东庄学区六年级

评价指标		优	良	需努力	自评	互评	教师评分
内容	信息收集的情况	信息收集全面，包括新品种、新技术、催芽、切种、播种等方面的全部信息的收集与记录。	对马铃薯的科学种植，至少有三方面的信息收集与记录。	对马铃薯的科学种植，只有部分内容的信息收集与记录。			
	情感态度	对植物的种植和生长产生了浓厚的兴趣，体会到劳动的艰辛和乐趣、科学种植的重要，有宣传推广农业新品种、科学种植农作物的意识。	对本次活动产生了兴趣，体会到劳动的艰辛，开始喜欢探究植物的种植和生长方面的问题。	页面布局较合理，标题较醒目；版面设计风格基本体现主题；时间的切换有待改善。			
	版面设计	页面布局很合理，标题很醒目，设计风格能很好地体现主题；文字图片搭配很适当；时间切换适时；内容简洁概括。	页面布局合理，标题醒目；设计风格能体现主题；文字图片搭配适当；时间切换基本适时；内容较简洁概括。	页面布局较合理，标题较醒目；版面设计风格基本体现主题。			
	小组合作情况	小组组员间有很好的分工与合作。	小组组员间一般都能开展合作，虽然有个别不够好的情况。	小组的个别组员间虽然有合作但总体情况不够好。			
	有无资料来源的说明	引用资料后有完整的资料来源，且每条资料的说明清晰。	引用资料后有关于资料来源的说明。	引用资料后很少或者完全没有资料来源的说明。			

续表

评价指标	优	良	需努力	自评	互评	教师评分
所使用的媒体的种类	根据内容的需要恰当地使用了各种媒体。	能使用多种媒体，使用基本合理，没有大的不当之处。	媒体使用不当，或者根本没有使用除了文字以外的其他媒体。			
技术	色彩明快，搭配得当。	色彩搭配在视觉上比较舒适、得当。	色彩搭配在视觉上不舒适。			
	图文并茂，图片、动画的使用有目的性，有助于说明主题。	有一些图文配合说明的情况。	图文配合不当。			
	链接的使用合理，有助于说明主题。各种链接准确无误。	各种链接准确无误。	有链接错误。			
演示效果	演讲者的讲话清晰、有自信并始终能面向听讲的人。	演讲者的讲话比较清晰，有时也能面向听讲的人。	演讲者的讲话不够清晰或者完全没有面向听讲的人。			
	演讲时能与作品的速度配合得很好。	演讲时与作品的速度配合得基本可以。	演讲时作品播放的速度过快或过慢。			

14.3 能够指导学生进行自评。

【操作要点】

学生自评是指学生在教师的指导下，对自己的表现、探究、调查、作业、作品等进行自我分析、反思，从而实现自我提高的过程。本阶段的信息技术教师要能够帮助学生形成自我反思技巧，引导学生公正、客观地评价自己。

当然，在学生自我评价的过程中还是会出现很多问题。特别是在评价的初始阶段，学生对自我评价的认知还比较浅，不能掌握评价的方法和标准，在评价的过程中经常出现对自己评价过高或过低的现象。因此，在学生自评前，信息技术学科教师要进行必要的指导，提高学生对自评的认知，使学生掌握评价的标准。教师应通过自己的示范性评价，学生的相互评价来指导学生进行自我评价。在教学过程中采取“交流—互评—自己修改—综合评价—教师总评”等几个环节引导学生进行自评。

学生自评对教师的教学工作也有很大的帮助和促进作用。它有助于教师了解学生学习态度的变化和学习特点；有助于教师了解学生对知识的掌握情况；有助于教师及时发现学生在情感、态度和价值观方面的变化，并及时地给予针对性的指导。

【举例说明】

通常情况下，教师可以在一堂信息技术课结束时，给学生反思自问的时间，如今天老师讲的是什么内容？学生有什么收获？还有哪些问题？学生通过反思，检查对照，内化自己的知识结构并确定补习的方向。

教师布置任务后，给出上机要求并附有明确的评分标准，学生根据上机要求完成任务，然后参照标准，自己修正作品，如果修正不了，可以请求老师帮助，然后自评分数，上交评比结果。

有条件的学校或家庭，可以引导学生通过自评题库和软件让学生不定期进行网上的自评。长期这样训练，学生就对自己的知识结构了解清楚，对照学习目标，找出差距，今后的信息技术学习会更有针对性。

14.4 通过学生自评、生生互评以及师生互评等方式实现评价主体多元化。

【操作要点】

信息技术学科的评价要体现评价主体的多元化。不仅将教师和学生作为评价的主体，加强学生、教师、学校的自评和互评，同时，要倾听家长和社会对教师、学校教育教学活动的评价和呼声，畅通多方面信息反馈的渠道，使评价真正成为教师、管理者、学生、家长、专业人士共同积极参与的交互活动。同时也可以借助网络优势，让网友参与评价，为学生的作品提供建设性的指导意见。在评价方式上，宜采用量化评价和质性评价相结合的综合评价方式。评价主体的多元化有助于克服传统评价中评价来源单一、评价结果片面的弊端，使被评价者易于接受评价结果。

14.5 能够采用合理的方法评价学生的学习效果。

【操作要点】

信息技术学科学习效果的评价要综合考核学生对相关知识、技能的掌握程度，检验学生利用技术解决问题的实际表现，全面体现课程标准对学习的各项要求。可以通过观察、询问、学生展示、做练习、题目测试等方法确保评价公正、全面。

做练习，是一种常用而有效的评价方式。成熟期的教师，会把备课的相当一部分精力放在练习题的选择和创造上；完整的教案，应该包括对练习题的设计。

成熟期的教师还应能够独立编制单元考试、期末考试的试题，并掌握一定的试卷分析技术。

14.6 能够有效利用评价结果对学生进行个别辅导或分层辅导，对教学进度和教学策略进行调整。

【操作要点】

成熟的教师不仅善于设计评价方案、展开多元评价，更要积极利用评价结果，发现和分析学生的问题，对困难学生进行个别辅导或分层辅导，为优秀学生提供具有挑战性的学习任务。调整教学进度和教学策略，以此实现评价的发展性功能。

标　准	结果指标
15. 促进有效的课堂管理	15.1　能够根据班级实际状况，运用有效的教学策略组织教学，顺利完成教学任务。 15.2　根据课堂教学反馈信息，灵活调整教学内容和进程。

15.1 能够根据班级实际状况，运用有效的教学策略组织教学，顺利完成教学任务。

【操作要点】

(1)根据教学内容和班级的实际状况，采用课堂教学、活动课、课外活动等组织形式进行有效教学。

(2)能够有效组织小组学习和个别学习，特别是提出合理的小组学习任务和个别化学习任务，做好小组分工，提出学习要求。

(3)能够熟练使用多媒体教学手段，有效处理使用中出现的小问题。

(4)对学生的学习风格、个体差异有一定了解，能够运用多种不同的教学策略进行教学，使不同学生有机会运用自己的风格进行学习。

15.2 根据课堂教学反馈信息，灵活调整教学内容和进程。

【操作要点】

教师在教学活动中应主动获取反馈信息，及时整理教学内容和教学进程，实现对教学过程的有效调控，达到教学过程的最优化。其中，获取反馈信息的方法主要有：

(1)注意观察学生的学习情绪和态度。

(2)主动与学生进行交流，了解学生的学习情况。

(3)利用课堂检测、练习、作业等手段了解学生对知识的掌握情况。

标 准	结果指标
16. 渗透思想品德教育与生活技能教育	16.1 能够深入领会并掌握生活技能教育的知识和方法。 16.2 能够在信息技术学科教学中，渗透对学生的信息道德教育。

16.1 能够深入领会并掌握生活技能教育的知识和方法。

【操作要点】

这个阶段的教师应该能够深入领会生活技能教育的知识和方法，牢记生活技能教育的宗旨，真正意识到要让自己的学生不仅有独立的生存能力，而且还要能够正确认识自己、他人和周围环境，能够调整自己的行为，发挥个人潜能，建立健康的生活方式，以达到最佳的发展和良好的社会适应状态。

开展生活技能教育要结合信息技术学科的学科特点、不同年级学生的年龄特点、身体、心理和社会适应方面的特征，以提高学生的社会心理能力，掌握处理问题的技巧，增强学生的自我意识，预防学生的问题行为为目标，采取多样、有效的方式渗透生活技能教育。

(1)学科教学方式渗透，是指在学科教学活动中，以信息技术学科课程为载体，通过听讲、阅读、讨论、参与、体验、训练、实验等，渗透生活技能教育。

(2)专题教育方式渗透，是指以中小学网络课程进行安全教育、信息安全教育、健康上网等专题教育内容为依托，渗透生活技能教育。

(3)竞赛方式渗透，是指通过各种校内、校外竞赛活动，如学科知识竞赛、电脑作品竞赛、机器人竞赛等，渗透生活技能教育。

(4)社会实践方式渗透，是指通过利用社会资源和组织学生参加校外社会实践活动，如参观博物馆、名胜古迹和公园；参观打工子弟学校、敬老院等场所；参加冬令营、夏令营等活动，渗透生活技能教育。

(5)国际交流方式渗透，是指通过跨国、跨境的校际交流、学生社团交流、学生访学交流等形式，渗透生活技能教育。

16.2 能够在信息技术学科教学中，渗透对学生的信息道德教育。

【操作要点】

(1)发挥教师的主导作用。信息技术教学中的思想教育主要是靠信息技术教师实施的，教师的政治意识、思想品德和情感都会通过言传身教对学生产生导向作用。教师要不断学习、充实，用有思想意义的最新信息技术成果来充实教材，跟上时代步伐。

(2)采用多种教育途径，灵活应用多种方法。信息技术学科内容丰富、知识新颖、趣味性较强、教学形式多样。有些基本理论适宜讲解，有些操作技能适宜强化训练，有些内容需要到社会上去体验，多种多样的教学形式决定了思想教育的多样性。

(3)在信息技术学科教学中，注重对学生进行信息安全道德、信息传播道德、网络安全道德的教育。

【举例说明】

“算法与程序设计”一课中的德育

在讲授“算法与程序设计”时，在“常用语句和函数”部分有“日期函数”这一知识点，其中，date()函数能够返回系统的当前日期，对这个知识点，教师做如下设计：

第一步，设置问题“请每一位同学运用 date()函数精确求出每个人出生到现在的天数”。这是一个很让同学们感兴趣的问题，毕竟通过解决这个问题可以精确知道自己从出生到现在生活了多少天，于是同学们很快能够结合本节课所学，设计出程序解决这个问题，大部分同学们计算出各自出生到现在的天数在6000天左右。

第二步，设置问题“请每一位同学算出从出生到现在一共消费了多少钱？（按25元/天保守计算）”。这是一个非常简单的问题，只要将上一步算出的天数乘以25就行。

但就是这个看似简单的一个课堂设计步骤，却取到了相当好的效果，当同学们看到自己算出的数字时，全班所有同学表情都严肃了起来，作为教师显然可以从同学们的脸上看出“感动”二字，因为这个数字是在150000左右。此时此刻，不用教师做更多的说明和解释，谁都能够明白教师这样设计的用意。当同学们看到150000这个巨大的数字时，一定能够感动于父母为自己的艰辛付出和对自己的殷切希望。

案例分析：这样的一个设计，不仅可以让同学们更好地掌握这部分内容的知识点，而且能够唤起同学们对父母们更多的理解和感恩。同时这则案例也说明，将德育工作渗透到信息技术课堂能够取得了较好的效果。

标　准	结果指标
17. 实施积极的安全教育与健康教育	17.1　了解有关学生心理健康的知识和方法。 17.2　引导学生树立自我保护的意识，对学生的人身安全、网络信息安全、用电设备安全负有责任感，遇有突发事件时救助学生。

17.1　了解有关学生心理健康的知识和方法。

【操作要点】

（1）深刻理解心理健康对于学生成长的意义。

（2）真正关心学生的心理健康。

（3）采取有效措施鼓励学生关注和改进自身心理健康状况。

（4）能够经常与学生谈心、交流，促进学生心理健康。

17.2　引导学生树立自我保护的意识，对学生的人身安全、网络信息安全、用电设备安全负有责任感，遇有突发事件时救助学生。

【内容要点】

信息技术教师不仅在课堂上向学生传授知识，还应该对学生进行自我保护意识和安全方面的教育，比如，在自我保护意识方面要做到如下几点：

(1)通过安全教育活动提升学生自我保护意识。

(2)通过安全教育活动丰富学生自我保护知识。

(3)通过安全教育活动教给学生自我保护技能。

(4)关爱学生生命安全，遇到突发事件时勇于救助学生。

要对学生加强安全教育，认识病毒；进行思想教育，不迷恋网络聊天、网络游戏；培养正确使用电脑上网的好习惯，做到如下几点①：

(1)认识病毒，提高自身"免疫力"。

(2)进行思想教育，安装精神"杀毒软件"。

(3)养成良好习惯，启动安全"防火墙"。

【举例说明】

近年来青少年因痴迷网络走向犯罪的现象屡屡发生，青少年网络健康教育的缺乏是主要原因。信息技术课的历史使命决定了其健康教育的不可或缺性，同时信息技术教师还要积极探索加强有关计算机和网络健康教育的方法和措施，培养学生健康使用计算机和网络的良好习惯。例如，正确使用计算机，正确保护眼睛，文明使用网络、健康上网等理念。

信息技术教师应让学生了解计算机病毒的特点及危害，提高学生上网的安全意识。那些通过网络进行自我传播的病毒一般通过电子邮件或者有害链接进行扩散。教师教育学生在自身不制作病毒、不传播病毒的基础上，做到不浏览不健康的网站、不点击不明链接；收到不认识的人发的电子邮件，或者让人感到奇怪、有不明附件的电子邮件，不要打开也不要回信，更不要将附件打开储存下来，应立即将它删除；应该随时开启反病毒软件，尤其是在上网的时候应开启病毒防火墙，并定时升级自己的反病毒软件的病毒库等。

领域四　教育教学研究与专业发展

标　准	结果指标
18. 教育教学反思与行动研究	18.1　能够根据研究专题，尝试采用不同的方法，进行专题研究。 18.2　掌握课题研究的基本方法。

① 杜小会：《信息技术课上的安全教育》，载《中国教育信息化》，2011(8)。

18.1 能够根据研究专题，尝试采用不同的方法，进行专题研究。

【操作要点】

专题研究是针对某一主题所做的深入研究。教师可根据自身的兴趣和能力与专家、教师等一起选定一个主题，进行一系列有意义的研究。这个过程包括资料收集、整理、分析、综合、思考等，最后得出结论或新的知识。在研究的过程中，教师也可以独立进行或与他人共同探究。

常用的研究方法有观察法、调查法、文献研究法、案例分析法等。一般情况下，教师多采用案例分析法展开研究。

教师在研究中，不仅要重视基础理论的学习，也应当重视以实践者发现和解释事实为基础的、以解决问题为目标的诊断性研究及实践者对课堂教学情境和经验所作的多视角、多层次的分析和反思。因为，理解和改进教育实践的过程必始于教师对自身实践经验的反思，任何教育理论只有与教师个体对其具体实践情境和经验的研究结合起来才能有效运用。

18.2 掌握课题研究的基本方法。

【操作要点】

一般来说，确立研究课题和实施课题研究主要有以下几个环节：

(1)梳理问题，聚焦问题。教师可以从自己的教育教学实践或者文献信息中找到可供研究的问题，这些问题可以是教师教学过程中存在已久的困惑，可以是课改中教师所面临的比较突出的问题，可以是教师教学中的隐性问题(来自他人、资料)，还可以是教师已有的成功经验。然后再从问题的可行性、真实性、明确性和实用性等角度聚焦问题，使之成为能够研究的问题。

(2)把问题转化成课题。对选定的问题需要进行必要的主题提炼，加工成有意义的、表述准确的、切实可行的研究课题。

(3)制定课题研究方案，要对课题名称、研究背景分析、研究的目的和意义、研究内容和范围、研究方法、研究计划、预期成果等内容进行说明。

(4)根据预定方案实施课题研究。

(5)分析和整理研究资料，从中提炼出有价值的信息。

(6)撰写课题研究报告，对研究成果进行归纳和总结。

(7)研究成果的表现形式包括课题研究报告、学术论文和调查报告等。

标　准	结果指标
19. 团结协作与经验分享	19.1　具有通过团队合作解决问题的意识。 19.2　善于发现和学习他人的优点，主动提供自己的学习经验。

19.1　具有通过团队合作解决问题的意识。

【操作要点】

能够认识到学校发展和学生发展需要不同年级、学科和担任不同工作职责的教职工形成合力来实现，具有合作解决问题的意识。

19.2　善于发现和学习他人的优点，主动提供自己的学习经验。

【操作要点】

(1)组织或积极参加学校关于教师经验分享的活动，在其中扮演一定角色。

(2)发现同事有益的经验，并依此提出交流和讨论的话题。

标　准	结果指标
20. 终身学习与持续发展	20.1　积极参加各类研修活动及教师培训，保持学习和反思的习惯。 20.2　具有职业理想和道德，能够制定出符合个人实际的专业发展规划。

20.1　积极参加各类研修活动及教师培训，保持学习和反思的习惯。

【操作要点】

教师要克服工学矛盾，积极参加各种教师培训。这是因为教师培训不仅可以更新教学观念，提升理论水平，拓展教学视野，而且还可以提升教师的教科研能力，是教师专业发展的助推器。教师应该注意在日常教学实践中提升自己的专业素养，不断地建构开放、动态发展的知识与能力结构。比如，完善自身的学科教学知识。

通过培训和学习，教师首先能够构建专业知识和学科知识层次框架。其次，能够利用计算机网络平台，了解信息技术学科教学和教研的国内外动态，对自己的知识进行动态管理和优化。最后，保持学习和反思的习惯，在反思性教学诊断中学习和进一步把握教学反思评价方法和教学行动研究方法。

20.2 具有职业理想和道德，能够制定出符合个人实际的专业发展规划。

【操作要点】

教师的专业成长，是教师终身学习的过程，也是不断解决问题的过程，更是教师的职业理想、职业道德、职业情感、社会责任感不断成熟、不断提升、不断创新的过程。

教师在制定符合个人实际的专业发展规划时，可以参考舒尔曼提出的“教师专业知识分析框架”，教师专业知识包括：(1)学科知识；(2)一般教学知识；(3)课程知识；(4)学科教学知识(PCK)；(5)学习者及其特点的知识；(6)教育情境知识；(7)关于教育的目标、目的和价值以及它们的哲学和历史背景的知识，并有意识检验自己的知识水平。

面对飞速发展的社会、日新月异的知识和个性多样的学生，作为教师必须持续不断地学习，主动寻求专业发展，才能适应时代的要求。因此，教师很有必要制定个人专业发展规划，并通过有效的实施规划以达到促进自身专业水平不断提高的目的。

教师制定个人发展规划可以从以下几个方面着手：

(1)自我分析，全面充分地认识自己。第一，对自己的能力、兴趣、需要等个性因素进行全面的分析，充分认识自己的优势与缺陷。第二，分析教师专业发展的需要。

(2)目标确立，形成愿景。制定科学的教师专业发展目标，有效的专业发展规划需要切实可行的目标，以便排除不必要的犹豫和干扰，全心致力于目标的实现。教师个人专业发展目标从时间上分为短期目标、中期目标、长期目标。短期目标时间一般是1～2年，通过自主学习提升专业理论素养。中期目标时间有2～3年时间，主要是提高课堂教学艺术，强化教学反思能力，加强教育科研能力以及重构自身专业知识结构等。长期目标为3～5年以上的目标，主要是提高教学效率促使自身教学品质专业化。当然，时间的划分及个人发展目标的实施要因人而异。

(3)制定具体的措施，落实规划。在落实规划时，首先要把已制定的发展目标进一步地分解为若干个子目标；其次要选择可操作的行动项目；最

1.3　出色履行教师职责，具有高度的责任感和奉献精神。

【内容要点】

(1)在传授知识的同时，更要重视孩子行为习惯的养成。教师在学生心目中，是智慧的代表，是高尚人格的化身，教师的一言一行，一举一动，都对他们的精神世界起着无声无息的作用。

(2)应严格要求自己，深入理解教师职责，在教学过程中将教师职责内化为工作习惯，方方面面为学生示范。

1.4　有强烈的事业心和教育理想与抱负。

【内容要点】

把本职工作当成一项事业来热爱和完成，从点点滴滴中寻找乐趣；努力做好每一件事，认真善待每一个人，全心全意地工作。

标　准	结果指标
2. 关爱学生，教书育人	2.1　热爱并关注每一位学生，平等公正地对待每一位学生。 2.2　培养学生的健全人格，引导学生树立正确的人生观和价值观，能以行为诠释价值，成为学生健康成长的导师。 2.3　着眼于学生的素质提升、潜能发挥与可持续发展。

2.1　热爱并关注每一位学生，平等公正地对待每一位学生。

【内容要点】

成熟到卓越阶段的教师应热爱并关注每一个学生，要引导学生兴趣，平等地关心每位学生，但在处理上并不一视同仁，对不同的学生群体，采用有不同针对性的教育方法并努力寻求满足学生不同需求的教学方法。

了解每个学生的兴趣和困难，而且知道学生的生活习惯、兴趣源和考试成败的原因。从听学生说话、观察与同学的交往和品味学生习作中学习，从教学中积累信息，使之成为教育知识的一部分。

2.2 培养学生的健全人格，引导学生树立正确的人生观和价值观，能以行为诠释价值，成为学生健康成长的导师。

【内容要点】

教师不仅因为自身文化素养的高低，教育智慧的优劣而决定传道授业的水平，同时，教师更能够通过自身的道德人格和精神境界影响学生人格发展的路向。师生交往中教师要宽严相济，以良好的道德示范，给学生留下公正的印象，成为学生道德发展楷模；更要通过因材施教，对学生的精神成长和人格完善产生潜移默化的影响。

教师要帮助学生树立自信心，增强自我效能感；还要培养学生关爱的情怀，形成关爱他人的能力。注重培养学生自尊、激发学习动力、养成性格和公民责任感。

2.3 着眼于学生的素质提升、潜能发挥与可持续发展。

【内容要点】

承认学生有不同的特征和禀赋，并且善于使每个学生都学到知识，彰显尊严和价值，相信每个学生内在的潜能。不仅能够关注学生的全面发展，还能够重视并规划学生的可持续发展，而且对于学生的个性化发展也能给予充分的尊重和考虑。

标 准	结果指标
3. 为人师表，严谨治学	3.1 遵纪守法，作风正派，公正廉洁，以身作则。 3.2 提高教育科研能力，探索教育教学规律。 3.3 遵守学术道德与规范；具有对教育问题的宏观把握和批判性思维，问题意识与创新意识强，努力探索教育教学规律。

3.1 遵纪守法，作风正派，公正廉洁，以身作则。

【内容要点】

自身修养达到较高境界，为人处世能“从心所欲又不逾矩”；人格魅力得以凸显，并具有较强的感染力，对学生、学校同仁及社会都具有无声的榜样示范作用。自我价值与社会理想统一实现。

3.2　提高教育科研能力，探索教育教学规律。

【内容要点】

专业素养达到最高境界，具有很强的教育科研能力和较强的教育科研的领导力，学习研究不仅成为内在的生命需要，而且成为不可缺失的生活内容。在实践中，能将教育科研工作与教育教学工作有机协调，能使二者相得益彰；并已形成独特的、具有示范性的教育教学风格，通过长期的总结反思、探索研究，已提炼出富于个人特色的教育教学思想主张，在特定专业领域赢得广泛的认可，有了“话语权”。

3.3　遵守学术道德与规范；具有对教育问题的宏观把握和批判性思维，问题意识与创新意识强，努力探索教育教学规律。

【内容要点】

要坚持真理，尊重科学，端正学术态度，恪守学术规范，防止学术浮躁。树立起良好高尚的学术风气。深刻了解学术道德的重要性。

从促进学生健康成长出发思考教育现象，探索教育规律；对当前有利于和违背学生成长的教育方式提出独到的见解，关注与吸收先进的教育理论，并身体力行，做到知行合一。

在教学实践中不断丰富自己的科学知识，不断探索教育教学规律，逐渐形成独特的、具有示范性的教育教学风格，提炼出具有个人特色的教育教学思想。

标　准	结果指标
4. 热爱生活，身心健康	4.1　关爱自己的身体，促进身体健康，合理分配精力；用积极向上的态度，强烈感染学生和周围的人。 4.2　正确且从容对待困难和挫折，善于自我调节。 4.3　具有高尚的情操和审美情趣。

4.1　关爱自己的身体，促进身体健康，合理分配精力；用积极向上的态度，强烈感染学生和周围的人。

【内容要点】

(1)深刻理解健康对人的生活和工作的意义，以及锻炼对健康的价值。

(2)关爱自己的身体，保证营养均衡，养成定期体检和定时锻炼的习惯。

(3)保持合理的体重和身体健康，能够合理分配精力。

(4)具有积极乐观的、达观进取的心态，并以这种心态影响与感染学生与周围的人。

4.2 能够正确且从容对待困难和挫折，善于自我调节。

【内容要点】

这里的困难和挫折主要指引起职业倦怠的因素：

(1)能够理解困难与挫折乃是人生之常事，而且能够深刻理解，克服困难、经历挫折可以培养人的意志、勇气，锻炼人的能力；具有笑对困难和挫折的人生态度。

(2)对待困难，能够沉着冷静，迅速找出困难存在的主客观原因，厘清解决困难的思路，并能够创造性地解决问题。

(3)面对挫折，不慌不怒，不怨天尤人；坚定信念，勇往直前，朝着既定的目标，不懈努力，锲而不舍地达到目的；同时，具有科学的宣泄方法，以摆脱工作和生活压力。

4.3 具有高尚的情操和审美情趣。

【内容要点】

(1)深刻认识生活情趣的含义，有效辨别低俗与高雅生活情趣；真正理解高尚的生活情趣对身心的调节和对工作促进的价值。

(2)至少有一种长期坚持的有益身心健康的兴趣爱好。

领域二　学科与教育教学专业知识

标 准	结 果 指 标
5. 关于学科的知识	5.1 具备统领性、深刻性、融通性的信息技术学科知识，并能够在丰富的信息技术学科实践中，形成动态发展的学科知识结构和解决实际问题的能力。 5.2 能够关注信息技术学科的前沿发展，并能介绍给其他教师，且恰当地整合在教学中。 5.3 具有多学科知识并能很好地融通起来。

5.1 具备统领性、深刻性、融通性的信息技术学科知识，并能够在丰富的信息技术学科实践中，形成动态发展的学科知识结构和解决实际问题的能力。

【内容要点】

统领性知识一般是宝塔形的层级结构式知识，是内容和形式的整合。成熟到卓越的教师应该能够理解学科知识是如何创立构建并与其他学科相联系的。

深刻性一般是指从厚(混沌、零散、杂乱、丰富)到薄(自己整理、建构的有结构的知识，抽象过程)再到厚(抽象到具体的过程，丰厚的知识)的知识认知过程。

融通性是指科学与人文、学科、现代社会、生活之间的融会贯通。

从成熟走向卓越的信息技术教师不仅能够掌握国家课程标准的明确规定的信息技术知识与技能，信息技术学科特有方法，更应该有着广博的学科视野，能够宏观上把握信息技术学科体系及相关背景，并能够有意识的在信息技术教学中渗透。理解信息技术国家课程改革的要求变化，并能够动态调整自己的知识结构，并在信息技术教学中有所体现。

5.2 能够关注信息技术学科的前沿发展，并能介绍给其他教师，且恰当地整合在教学中。

【内容要点】

从成熟走向卓越的信息技术教师不仅要关注学科历史发展进程，还要关注学科前沿新动态、新观点、新技术的发展，并且采用不同的方式，如信息技术期刊、图书，专题讲座等传达给其他教师，且恰当地将这些前沿技术整合在学科教学中。

例如，从成熟走向卓越的信息技术教师，要了解交互式电子白板，云计算等新技术的动态发展以及基本工作原理。能将这些新技术恰当地运用在教学中，并且对不同阶段的教师进行专业培训与指导。

5.3 具有多学科知识并能很好地融通起来。

【内容要点】

走向卓越的教师应该关注学生的长期发展，引导学生从科学角度认识信息技术学科。信息技术学科的学习不应仅局限于课堂教学和书本知识的学习，还需要通过多种形式与课内外、校内外的活动紧密结合，让学生广泛接触生活和社会，体验信息技术学科与科学和社会的关系，冲破传统的封闭式的课堂教学模式，在教学时间和空间上都必须实行开放式的教学，形成学生自主参与、开放、灵活的教学方式。

标　准	结 果 指 标
6. 关于学生的知识	6.1　深谙教育心理学以及其他相关学科关于学生的知识，并能灵活而有效地运用于信息技术学科教学中。 6.2　掌握学生身心发展的特点和学习规律；具备学习策略、技巧以及学习习惯指导的相关知识和方法。

6.1 深谙教育心理学以及其他相关学科关于学生的知识，并能灵活而有效地运用于信息技术学科教学和学生管理中。

【内容要点】

(1)对本学段信息技术学科内容涉及的“教育心理学”有关知识，能结合相应的信息技术学科内容进行明确阐述。

(2)能在信息技术学科教学中融入“教育心理学”相关理论并能够灵活运用。

【举例说明】

依据教育心理学理论，我们认为，开展程序设计课，要考虑学生年龄特点，比如，小学阶段，要从学生兴趣出发，设计符合学生年龄特点的问题开展程序设计教学，重在渗透对学生思维方式的训练。中学阶段，同理也要考虑学生自我意识的特点，在小学阶段的基础上，进一步训练学生的思维方式以及解决问题的能力。因此，对学生开展“算法与程序设计”教学不在于编几个程序，而在于日常对学生进行思维方式的训练，有一个量的积累，经过长期的训练，才能很好地帮助学生养成这个思维习惯，所以良好的思维习惯培养的关键在于日常的训练和积累。只有日常养成了这种科学的思维方式，才会将知识与技术转变为能力，应用于日常的学习生活中，解决实际问题。

6.2　掌握学生身心发展的特点和学习规律；具备学习策略、技巧以及学习习惯指导的相关知识和方法。

【内容要点】

阅读关于教学理论的书刊，学习信息技术教学的成功经验，发现学生在信息技术学习过程中表现出的一些特殊现象和规律。在理解有关理论的基础上，能将其运用到具体信息技术教学情境中。

关于学生的理论浩如海，教师再优秀，也不能掌握所有的理论，重要的是保持开放的态度，不断调整自己的知识结构。

标　准	结果指标
7. 关于课程的知识	7.1　具有丰富的任教学科课程设计、课程实施、课程资源、课程评价等方面的知识。 7.2　深谙课程改革的基本理念和信息技术学科课程在学生发展中的意义。

7.1　具有丰富的任教学科课程设计、课程实施、课程资源、课程评价等方面的知识。

【内容要点】

这一阶段的教师不仅能理解信息技术课程的目标、内容、课程组织、课程评价等知识，而且能够在教学设计和教学实施中整合把握、合理灵活地使用这些知识。

对于整体把握课程内容，首先需要把握课程内容的核心理念。例如在《普通高中技术课程标准(实验)》中强调的是，提高信息素养，培养信息时代的合格公民等五项核心理念。这些核心理念的内涵在性质上是体现的学习主体——学生的特征，它们涉及的是学生在信息技术学习中应该建立和培养的关于信息技术的感悟、观念、意识、思想、能力等。核心理念往往是一类课程内容的核心或聚焦点，它有利于我们把握课程内容的线索和层次，抓住教学中的关键。核心理念本质上体现的是信息技术的基本思想；也是信息技术课程的目标点，应该成为信息技术课堂教学的目标，并通过教师的教学予以落实。其次，需要把握课程内容的横向联系与纵向联系，形成知识网络。还需要在此基础上，找到课程内容的核心部分，体会其教育价值。

7.2 深谙课程改革的基本理念和信息技术学科课程在学生发展中的意义。

【内容要点】

这一阶段的教师不仅能理解信息技术课程的理念，并且在实际教学中能够自觉地运用它们去分析教学现象，对教学现象进行合理的解释。

教师还要理解信息技术学科课程改革的基本理念和国家课程标准的相关规定。在教学过程中，充分体现以人为本的教学思想。

标 准	结 果 指 标
8. 关于教学的知识及学科教学知识	8.1 精通有关信息技术学科的教学目标、内容、过程、原则和方法、组织和管理及评价等方面的知识，并能灵活地运用。 8.2 基于教学内容和学生情况，形成促进学生理解性学习的多元教学策略知识。 8.3 体现独特思想和风格的丰富的教学艺术(策略)的知识，积累丰富的教学案例知识。

8.1 精通信息技术学科的教学目标、内容、过程、原则和方法、组织和管理及评价等方面的知识，并能灵活地运用。

【内容要点】

(1)能结合具体的信息技术教学内容明确阐述教学目标、内容、过程、原则和方法、组织和管理及评价等方面的知识。

(2)根据信息技术学段的教学内容对于教学目标、内容、过程、原则和方法、组织和管理及评价等方面作出准确的选择与有效的设计。

8.2 基于教学内容和学生情况，形成促进学生理解性学习的多元教学策略知识。

【内容要点】

(1)在具体的教学内容中，创建有利于激发学生潜能的多元智能环境，渗透学科的思想方法及其教学目标。

(2)明确具体内容的横向联系(与之相关的其他学习领域的知识)和纵向联系(学习这一内容之前的知识准备及后续的延伸知识)，设计有利于激发学生各种智能组合的专题学习。

(3)针对某一具体内容和特定情境，采取合适的多元评价方式，以此帮助学生形成正确的理解方法。

【举例说明】

基于这一点，教师要考虑：以多媒体计算机及网络为核心的信息技术提供了有利于学生多元智能发展的智能环境。学生利用多媒体计算机能进行文字处理、数据分析、作图绘画、编曲欣赏等，利用网络更是能实现各种信息的传递与交流。因此，教师应为学生设计出能体现计算机及其网络优越性的学习任务，且设计的任务要顾及学生现有智能水平的差异。

另外，教师在对作品进行评价时，不应该只是在作品完成以后进行，而应该很自然地融合到整个学习活动中去。因为评价的目的不是为了评比，而是为了促进学生的自我认知，让他们做得更好。教师可以在课始提供一些现成的学生作品，让大家评判什么样的作品是美的、合理的。比如，为让每个孩子都有自我评价的机会，教师可以采取“档案袋”的办法。一个任务完成后，让学生自我分析一下，从各个方面对自己进行反思，使他们在反思中学会管理自己的学习。

8.3　体现独特思想和风格的丰富的教学艺术(策略)的知识，积累了丰富的教学案例知识。

【内容要点】

这一阶段的信息技术教师在常年的教育教学过程中，积累了丰富的教学经验，在长期的教学实践过程中逐渐形成和发展了自己独具特色的信息技术教学艺术风格。教学艺术风格主要表现在教学思想、教学设计、教学案例、教学表达方式等方面。可以说，教学思想是教学艺术风格的灵魂，教学设计和教学案例是教学艺术风格的具体化，教学表达方式则是教学艺术风格的载体。

标 准	结果指标
9. 科学与人文素养	9.1 熟悉科学技术对社会和个人产生的影响，形成很高的科学素养，能够自觉地培养学生的科学素养。 9.2 注重培养学生的人文素养，自觉主动地承担传承中华优秀文化的责任，具有国际视野，对其他文化具有选择性吸收和转化的能力。 9.3 具有较高的信息素养，能够创造性地获取、评价、处理和应用信息，具有娴熟的信息表达能力，在教学中注重学生信息素养的培养。

9.1 熟悉科学技术对社会和个人产生的影响，形成很高的科学素养，能够自觉地培养学生的科学素养。

【内容要点】

这个阶段的信息技术学科教师应该具备很高的科学素养，这是因为教师的职业特点对教师的科学素养提出了以下要求：传承性要求教师要有广博的科学知识；复杂性要求教师掌握多种科学方法；创新性要求教师具有深厚的科学品质；研究性要求教师具有较强的科学能力；示范性要求教师有高水平的科学素养。

9.2 注重培养学生的人文素养，自觉主动地承担传承中华优秀文化的责任，具有国际视野，对其他文化具有选择性吸收和转化的能力。

【内容要点】

人文素养处在教师整体素养的核心位置，决定着教师职业的意义和价值。它表现为在教师的日常教学和管理活动中对学生的尊重和对学生成长的关心，表现为教师教书育人的强烈责任感和历史使命感。这个发展阶段的教师应该具有较高的人文素养，这是因为教师的社会角色决定了教师是学生学习的促进者、学生发展的引导者、课堂教学的组织者、学生成长的合作者；教师发展的需要决定了应该具有较高的人文素养，人文素养对教师价值观的形成、职业生命价值的实现、教育教学水平的提升都有着重要的影响，并产生着重要的推动作用；新课程改革深受人文主义思想的影响，贯穿了“以人为本”的理念，这就在客观上要求必须提高教师的人文素养。

这个阶段的教师首先自身对祖国的历史和文化心存敬仰，对本学段信息技术学科内容所涉及的部分有精深的研究与个人的见解；能恰当把握渗透时机，以此作为自己的责任和义务，并能因此获得信息技术课程教学的成就感，体现教师的价值。

9.3　具有较高的信息素养，能够创造性地获取、评价、处理和应用信息，具有娴熟的信息表达能力，在教学中注重学生信息素养的培养。

【内容要点】

本阶段的教师在上一阶段的基础上应能区分“信息素养”与“信息通晓”的区别。信息素养着重于信息的获取、交流、分析、检索和评估。而信息技术通晓则关心的是对技术的了解以及对应用的把握。信息素养是一种理解、发祥、评估和应用信息的认知能力，但是其在某种程度上必须依赖信息技术。信息素养最重要的是批判性的识别和推理能力。信息素养能够引发、保持和延伸终身学习。这是通过技术的应用实现的，但是又是独立于技术的。信息技术通晓则强调信息技术教育的目的，是获得对信息技术的深刻理解，而不是简单的应用，强调运用信息技术解决问题的重要性。此外，信息技术教育不只是关注信息技术，更加关注的是应用信息技术来帮助解决问题和处理信息。信息素养强调的是关于信息的综合性概念，而信息技术通晓强调的是技术的应用观。

维度二　专业实践

领域三　促进学生的学习与发展

标　准	结果指标
10. 创造良好的学习环境	10.1　能够根据学科特点和学生实际，创设能够满足学生学习需要、促进学生发展的物理环境和学习氛围。

10.1 能够根据学科特点和学生实际，创设能够满足学生学习需要、促进学生发展的学习环境和学习氛围。

【操作要点】

学习环境，是指支持学习者学习的外部条件和内部条件。狭义地讲，就学生的学习环境可分为学校学习环境、家庭学习环境和社会学习环境。学校学习环境是指学校的校舍、师资、教学条件、教学手段、校风、学风等，这些都是影响学生学习的因素。家庭学习环境是指家庭为学生学习而提供的物质条件，如安静舒适的房间，和睦的家庭关系，能够辅导学生学习的家庭成员。社会学习环境是指影响学生树立正确的人生观、世界观和学习目的的社会氛围。

本阶段的教师在建立的安全、民主、和谐的信息技术学习环境的基础上，能进一步营造出鼓励学生积极思考的学习环境，使每一个学生都能感受到来自同伴思维结果的“威胁”，促进学生全身心地投入到对信息技术问题的研究上。

标　准	结果指标
11. 设计合理的教学方案	11.1　整合多元教学目标，创造性地设计教学内容，能够进行教学设计背后的学理分析。 11.2　根据学生认知发展规律，不仅关注学生获得知识、提高认知能力，还关注培养学生的责任感与非智力因素。 11.3　深谙不同类型知识的学习策略，能为学生提供丰富的学习资源，在教学设计中不断优化教学过程，促进学生发展。

11.1 整合多元教学目标，创造性地设计教学内容，能够进行教学设计背后的学理分析。

【操作要点】

这一阶段的教师要遵循学科课程标准以及课程指导纲要，分析学科特点和发展规律，要具有大教学观的思想，运用现代教育理论和系统方法，结合信息技术学科特点，整体把握小学、中学各阶段的教学内容，将相关的教学内容进行有机的衔接与融合。创造性的进行系统设计，对教学设计前与设计后的内容进行科学、学理的论证分析。

【举例说明】

“图形化编程”一课教学内容的设计①

教师基于对教学内容的综合分析后，分别进行单元分析、课时分析、教学环节分析，具体设计教学内容如下：

1. 单元分析

本节课选自清华版小学信息技术教材《智能机器人》第 2 单元第 11 课。

通读教材，认真分析。本节课的学习内容比较多，如教材中所示的内容：

(1)了解地面检测的基本工作原理。

(2)了解条件循环模块在程序中的作用。

(3)学会在仿真环境中设置图带，在表演场地铺设彩色 T 形地毯。

(4)学会使用“地面检测”模块编写程序，让机器人完成时装表演。

(5)理解使用“永远循环”编写程序与“条件循环”模块编写程序的不同及其基本作用。

2. 课时分析

考虑教材内容涉及的一些基本概念难易程度，结合学生的心理年龄及认知特点，从两方面进行了考虑，首先，对课时进行了调整，将本课安排为两课时。其次，对教学内容进行了剪裁，将学习内容进行重新安排。

第 1 课时，涉及的教学内容及课题“地面检测(一)”。

第 2 课时，涉及的教学内容及课题“地面检测(二)”。

本节课教师将讲授的学习内容为第 2 课时。教学目标表述如下：

(1)了解“条件循环”模块的基本功能。

(2)理解“永远循环”和“条件循环”模块的使用对程序执行过程的影响。

(3)使用“地面检测”“条件循环”模块编写调试程序，控制机器人完成地面检测任务。

---

① 案例来源：由北京市西城区复外一小林林提供。

(4)学生通过上机编写、调试程序，逐步体会条件模块的基本功能及其使用方法。

3. 教学环节分析

教师希望通过本课教学，使学生在老师的启发、引导下进一步拓展思路，完成本课的学习任务，达到本课制定的教学目标。具体设计考虑如下：

环节一，提出问题，复习旧知，揭示本课主题。通过师生间的谈话交流，一起回顾上节课学过的基本知识和基本操作，使学生建立起新旧知识间的连接，起到温故知新的作用。

环节二，出示问题，学习新知，突出本课重点。首先，教师出示任务，引导学生一起观察、分析，说说解决问题的思路及实现方法。其次，引导学生上机动手实践，解决参数值的测试。最后，继续分析设置地面检测的条件，继续指导学生上机动手实践。

环节三，分析比较，完成任务，突破本课难点。教师出示两种问题情况，然后采用比较分析的方法，和学生一起进行分析，帮助学生进一步理解“永远循环”和“条件循环”模块的使用对程序执行过程的影响。接着继续指导学生上机实践。在纠错分析中，教师考虑学生的学习差异和认知特点，对学生的学习进行了分层指导。

环节四，问题延伸，知识拓展，总结本课。

通过总结本课，回顾所学知识。在此基础上引出新的问题，“地面检测”在生活中的还有哪些实际意义和作用。以此延展学生对本课所学的知识，打开学生学习思路，拓展知识视野。

11.2 根据学生认知发展规律，不仅关注学生获得知识、提高认知能力，还关注培养学生的责任感与非智力因素。

【操作要点】

依据信息技术学科课程标准和课程指导纲要，结合教学内容、学生特征，以及遵循认知发展理论，教师在关注学生掌握知识与技能的同时，还要关注对学生非智力因素及责任感的培养等方面的教育。对学生要实行大教学观的教育，要负责任地关心学生的学习态度、负责任地考虑学生的非智力因素，帮助学生健立健全良好、健康的人格。

11.3　深谙不同类型知识的学习策略，为学生提供丰富的学习资源，在教学设计中不断优化教学过程，促进学生发展。

【举例说明】[①]

本例教学内容来自北京市海淀区信息技术实验教材三年级下册第二单元第4课。具体内容是画图工具栏中的矩形和椭圆工具。本课是在“用颜色填充”“铅笔和刷子”“直线和曲线”学习后编排的。为第四单元“美丽的世界”综合练习以及五年级上册第一单元“小小画家”画图提高部分打下基础，起到了抛砖引玉的作用。同时，通过学习画图工具，进一步熟练鼠标的操作，为后续管理文件夹的学习做好铺垫。

本课的学习者是北大附小三年级的学生，他们对信息技术课具有很高的学习热情，尤其对画图非常感兴趣。在生活中，学生对道路上的交通信号较熟悉，并且具备一定的交通安全意识。

根据前期调查了解，三年级学生有很强的好奇心，他们虽然对画图工具很感兴趣，但直接教授下学期知识，学生知识链的间断使学生在学习的过程中技术能力不够，造成了一定的学习困扰。在使用这些工具时往往一遇到问题后，就停滞不前，缺乏克服困难的决心和勇气。

为此，我设计的学习任务，特别注重了问诊式教学及分层次练习。当学生在掌握基本技能后，在练习中直接观察学生的任务反馈情况，根据学生的完成度来决定练习的方式。比如，当三分之二或更多的学生完成了基本任务；当二分之一左右的学生完成了基本任务；当不到二分之一的学生完成了基本任务时，均有不同的对策。在这种教学预设中，通过组内相互协助，相互观摩学习等环节，学生很快就能解决操作上的困难，既能帮助学困生化解认知上的困惑，又有效地帮助学生克服了学习上的畏惧心理，使教学能做到面向全体学生，因材施教。

---

① 案例来源：由北京羊坊店第五小学傅龙提供。

标 准	结果指标
12. 实施有效的教学活动	12.1 具有果断的教学决策能力，能够灵活、有效地运用教学策略。 12.2 能够敏锐地捕捉课堂教学中的关键问题并妥善处理生成性问题，促进学生个体的学习和发展。 12.3 能组织学生参与社区和服务社会实践活动，采用多种方式，发展学生的社会实践能力和社会责任感。

12.1 具有果断的教学决策能力，能够灵活、有效地运用教学策略。

【操作要点】

(1)根据学习需要和特定学情，组织同位交流、小组合作、全班讨论等形式，掌握恰当分组、有效分工、控制时间等技能。

(2)运用重复、板书、提问、语音变化、手势表情、身姿体位等多种手段，对教学重点难点或需要注意的地方进行强化。

(3)选择恰当的时机进行强化，有效进行结课时的强化。

(4)对课堂时间、节奏有很强的监控能力。

(5)根据课堂上不可预知的学情，灵活调整教学设计时各环节的时间分配，或做出取舍。

【举例说明】

教师面对复杂的问题，如教学环境，教学内容，变化的学生，要灵活、有效地运用多种教学策略。比如，对于“算法与程序设计”这样的课型，教师可以采用讲授法，提出问题，引发学生思考问题，运用教学板书，出示本课学习重点。

对于像“网页设计”这一类的课型，教师在教学中通常采用出示范例、观看与思考等分析方法。教师还可以采用小组合作，全班讨论的方式，帮助学生进一步理解网页设计及结构间的关系，从而强化学生，帮助学生建立知识之间的新旧联系。

任何一种灵活、有效的教学策略，关键在于教师课前进行系统的教学设计。

12.2　能够敏锐地捕捉课堂教学中的关键问题并妥善处理生成性问题，促进学生个体的学习和发展。

【操作要点】

(1)根据教学设计时构想的主问题，选择恰当的时机和对象、以恰当的方式提问。必要时对主问题进行变通处理。

(2)根据课堂上变化的学情，临时提出一些散问题，或引起学生注意，或促进知识掌握，或启发思考。

(3)根据学生回答问题的情况，进行灵活有效的追问，引导学习困难者对学习内容的理解，对学习优秀者的知识结构进行深化和拓展。

(4)鼓励学生提出问题，重视培养学生的问题意识。

12.3　能组织学生参与社区和服务社会实践活动，采用多种方式，发展学生的社会实践能力和社会责任感。

【操作要点】

(1)体验并学会调查研究与访问、实验研究与观察、设计与制作、社会参与服务、信息收集与处理等多种实践学习方式，发展学生获取、筛选、加工处理信息的能力。

(2)能组织参与社区和服务社会活动，运用多种信息处理工具，处理并发布信息。

标　准	结 果 指 标
13. 培养良好的学习习惯与指导学生学会学习	13.1　系统掌握多种学习策略，有计划地进行策略性知识的教学，学生能够感受到在教师的指导下，逐渐形成有效的学习策略。 13.2　注意培养学生的问题意识、创新思维能力和实践能力，学生感到学习处于追求新目标和解决更高层次问题中。

13.1　系统掌握多种学习策略，有计划地进行策略性知识的教学，学生能够感受到在教师的指导下，逐渐形成有效的学习策略。

【操作要点】

(1)系统掌握多种学习策略的结构和内容，对不够熟悉的策略加以学习和研究。学习策略包括元认知策略、认知策略、资源管理策略等，认知策略又分输入信息、储存信息、加工信息、输出信息各环节的学习策略等。

(2)更加关注学生元认知策略和深层次学习策略的培养。

(3)了解学生学习风格和学习差异的含义和内容，认识到差异的意义。

(4)注意采用分层次的、分类的、多元化的教学策略与模式，使自己的教学能够更好地适应学生的差异。

(5)教学过程中更加重视对学生学习策略的指导。

(6)能够通过多种方式调动学生的学习积极性，激发学习动机。

13.2　注意培养学生的问题意识、创新思维能力和实践能力，学生感到学习处于追求新目标和解决更高层次问题中。

【操作要点】

(1)能够对学生的学习及思维方法进行分析诊断，并提出意见和指导方案。

(2)能够通过教学活动引导学生进行思维训练，培养问题意识，创新思维能力和实践能力。

(3)引导学生具有为自己学习的意识、愿望与动机，并把学习作为一个积极的过程去探究、追求与享受。

标　准	结果指标
14. 开展多元的学习评价	14.1　在评价主体、内容、方式和结果上体现多元的思想，善于通过评价促进学生的发展。 14.2　善于根据评价目的和内容灵活选择考试、成长档案袋等方式以实现过程性评价和终结性评价的有机结合。 14.3　熟悉国外有关学生测试的命题与分析，并将其灵活地运用于自己的教学中。

14.1　在评价主体、内容、方式和结果上体现多元的思想，善于通过评价促进学生的发展。

【操作要点】

(1)评价手段和形式的多标准化，包括书面考试、口试、活动报告、课堂观察、课后访谈、作业分析、建立学生成长记录袋等。

(2)课堂观察的内容可以包括以下几个方面：观察学生知识、技能掌握情况；观察学生是否认真；观察学生是否积极；观察学生是否自信；观察学生是否善于与人合作；观察学生思维的合理性；观察学生思维的创造性。

(3)合理设计与实施书面测验。

(4)采用定性与定量相结合的方式，恰当地呈现和利用评价结果。

14.2 善于根据评价目的和内容灵活选择考试、成长档案袋等方式以实现过程性评价和终结性评价的有机结合。

【操作要点】

不论是过程性评价还是终结性评价，都会涉及具体评价方法的选择和确定问题。在分析有关评价方法的优劣、选用具体的评价方式时，教师既要考虑评价方式是否适合具体的教学目标、评价内容、评价主体和客体的具体特点；又要讲究效益，充分考虑各种评价方式对学校的信息基础设施、设备以及对教师、学生的时间和精力等方面的要求。在此基础上，结合班级规模、时间和经费以及其他现有条件，选择有针对性、高效益的评价方式。要注意综合运用多种评价方式，相互补充。

【举例说明】

根据评价目的和内容灵活选择评价方式

一般情况下，中学多采用终结性与过程性评价相结合的方式进行。终结性评价是在教学活动结束时进行的一次性评价，如期末的考核、考试等，目的是考查学生是否达到了相应的教学目标。目前高中会考考试科目多采用此方法。终结性评价注重的是学生的学习效果，主要是为了判定最终的学习成果，并做出成绩评定。

小学生因学生年龄特点，一般情况下，以游戏、趣味活动为主，因此，小学生的评价方式可以采用过程性评价。小学生在学习的过程中随教学目标、教学内容、教学进度等要求，对学生的学习表现进行各方面的评价，还可以采取对学生上课的表现进行及时的激励性的口头评价(如“你做得很好”“不错，你有进步”“加油啊”等)，围绕单元计划所预设的目标进行单元评价或阶段评价。这样既可以帮助小学生随时发现问题(包括学习方法、学习态度等方面的问题)，并及时加以改进，又能增强学生进行信息技术学习的自尊与自信，充分调动学生信息技术学习的主动性和积极性。

下表是“键盘与鼠标的使用”的评价表，教师将在学生学习该单元之后，按照评价表中提出的要求，对学生的学习表现在相应的选项中打“√”。

____年级 ____班 姓名________ 评定时间____年____月

评价内容	老师对我说		
	你真棒	你能更好	加油啊
认识键盘与鼠标			
鼠标的分类			
掌握键盘的分区			
键盘的正确操作方法			
熟练掌握键盘操作			
熟练掌握鼠标操作			

14.3 熟悉国外有关学生测试的命题与分析，并将其灵活地运用于自己的教学中。

【举例说明】

PISA[①]

PISA(Programme for International Student Assessment)，即国际学生评价项目，是由联合国经济合作与发展组织负责组织实施的国际评价比较测试，主要目的是各国协作监控教育成果，测试主要工业化国家15岁的学生在阅读、数学和科学等方面应用其知识、技能和解决问题的能力。

PISA科学素养测评的设计很有特色，主要从科学概念、科学方法和科学情境三个方面进行评估，测评内容贴近生活，测评内容背景宽广，测评问题情境化，测评项目包容性强等，非常值得教师借鉴和使用。

① 案例来源：由北京教育学院王钦忠提供。

标 准	结果指标
15. 促进有效的课堂管理	15.1 善于运用科学而灵活的方法组织课堂教学。 15.2 善于调动学生的积极性，开展各种组织形式的教学，学生感到自我管理能力与合作能力逐渐提高。 15.3 根据反馈信息合理、灵活地调整教学内容和进程。

15.1 善于运用科学而灵活的方法组织课堂教学。

【操作要点】

(1)对所教班级学生的群体特征掌握十分准确，对学生的个性差异了解充分，组织教学的方法丰富，择法意识较强，对方法与任务的适应性有较强的判断能力。在此基础上实施的信息技术教学活动学生参与热情高，思维活动有深度，间或出现兴奋状态，教学活动活泼有序，充分落实教学目标，学生的学习在思维、对信息技术的情意方面均受到触动，随着教学任务完成的完成师生均能收获一定成就感。

(2)教师在信息技术教学方面赢得学生的尊重，在实施信息技术活动时师生均有研究欲望与合作欲求。

(3)师生关系和谐、民主，在信息技术教与学活动中能够彼此期待合作，迎接共同的挑战。

15.2 善于调动学生的积极性，开展各种组织形式的教学，学生感到自我管理能力与合作能力逐渐提高。

【操作要点】

(1)一个教学单元的课程体系要反映“感知、理解知识；巩固知识、运用知识；检查知识”等各个教学过程的任务。课堂基本类型有综合课、单一课(新授课、练习课、复习课、讲评课、考查课)等。

综合课：指在一节课内完成两种或两种以上教学任务的课。它适用于中、高年级。

单一课：指在一节课内主要完成一种教学任务的课，它适用于低年级。

(2)教师在掌握了不同课型的特征与特点后，还要考虑学生的认知特点，进行有组织的安排学习任务，有效地组织学生进行独立思考与自我学习，以此提高课堂教学效率。

15.3 根据课堂教学反馈信息合理、灵活地调整教学内容和进程。

【操作要点】

(1)教师能用心关注学生的对信息技术学习重点、难点的真实反映，抓住关键，科学、合理地分配对信息技术教学的重点、难点内容投入的时间与精力，被学生理解、掌握。

(2)关注信息，从学生真实需要出发，总结学生易出现的信息技术问题，为解决问题在教学内容的顺序、用时、难易、深广度、快慢等方面做出客观、合理、实用的调整与决策，选择有针对性的教学方法。

标 准	结果指标
16. 渗透思想品德教育与生活技能教育	16.1 能够基于信息技术学科特点和学生的年龄特征、个体差异，主动采取恰当、多样、有效的方式渗透生活技能教育和道德教育。

16.1 能够基于信息技术学科特点和学生的年龄特征、个体差异，主动采取恰当、多样、有效的方式渗透生活技能教育和道德教育。

【操作要点】

在信息技术教学中有意识地渗透生活技能和道德教育是教师教学与教育职能并重的具体体现，要找准知识传授、技能训练和思想教育的结合点，并要把握好“度”。

(1)要找准知识传授、技能训练和思想教育的结合点。教材中有的内容思想性明确，比如二进制与《易经》的渊源，学生看了能激发自豪感；有的素材则需要教师去挖掘、整理，如学习计算机病毒防治的内容时，就可以结合病毒的来源引导学生注意网络文明，告诫学生不传播、不制造计算机病毒，更不要推崇网络黑客。能否找准结合点，取决于教师是否具备思想性的素材以及是否善于选择知识点、是否善于创设情景。

(2)要把握好“度”。针对不同年龄层次的学生，要采取不同的方式，例如，低年级学生要多举一些事例，多以正面的榜样引导；对于高年级的学生，由于他们有较强的领悟能力和自省能力，思想教育重在提醒，事例不能举得太多太泛，应列举一些影响大的、能引起震动的例子。

标准	结果指标
17. 实施积极的安全教育与健康教育	17.1 对学生的人身安全有高度的责任感，能积极开展以预防为主的安全教育、健康教育，为有需要的学生提供支持和帮助。 17.2 对学生的人身安全、网络信息安全、用电设备安全有高度的责任感，遇有突发事件时，积极采取有效措施救助学生。

17.1 对学生的人身安全有高度的责任感，能积极开展以预防为主的安全教育、健康教育，为有需要的学生提供支持和帮助。

【操作要点】

中小学生的健康成长，关系到国家前途命运，更关系到每个家庭的生活幸福。因此，作为这一阶段的教师，通过开展各种学习活动使学生不仅受到安全教育、健康教育，还要增强学生自我保护意识，指导学生学会校内、校外基本的自我保护方法。

17.2 对学生的人身安全、网络信息安全、用电设备安全有高度的责任感，遇有突发事件时，积极采取有效措施救助学生。

【操作要点】

(1)掌握心理咨询的方法与技巧，善于发现学生的问题，愿意为学生提供真诚的帮助。

(2)从尊重生命与博爱的高度关注每一个学生的安全。

(3)注重积累对突发事件的处理经验与有效的施救方法，并能运用这些方法，在需要时运用。

(4)网络资源丰富，为人类生产生活提供了方便。同时，网络还存在各种安全问题，例如黑客、病毒、网上欺诈和各种色情、暴力、反动等负面的信息。涉世不深的中小学生尚未形成成熟的是非观，容易受到诱惑误入歧途。信息技术教师除了教学课本上的知识外，还应对学生加强安全教育，引导学生正确操作、健康上网。

【举例说明】

通常情况下，教师在信息技术课上要指导学生认真学习《全国青少年网络文明公约》，引导学生在学校、在家都不要随意触摸电源开关，要安全用电。要增强网络道德意识，分清网上善、恶、美、丑的界限；教育学生不可以随便把家里的地址、电话、学校和班级、家庭经济状况等个人信息告诉在网上结识的人；不要单独约见网友；不要把自己在网络上使用的名称、密码告诉网友；不要轻易相信网友讲的话。

领域四　教育教学研究与专业发展

标　准	结果指标
18. 教育教学反思与行动研究	18.1　思维敏锐，对情景产生直觉的、深刻的、整体而全面的理解，能够很快地辨认出显著的信息，关注异常的信息；具有分析性、概念性、批判性的思考能力。 18.2　善于提出并解决教育教学中的重要问题，开展教育教学改革实验，深入研究教育教学规律，形成独特的教育教学思想或教学风格。 18.3　注重研究成果的形成，能够在学术刊物上发表研究论文或出版专著，使研究成果具有更广泛的辐射作用，并使成果得到同行的关注、讨论和认可。

18.1　思维敏锐，对情景产生直觉的、深刻的、整体而全面的理解，能够很快的辨认出显著的信息，关注异常的信息；具有分析性、概念性、批判性的思考能力。

【操作要点】

(1)通过各种方式(如查阅资料、参观学习、专题讲座等)获取了大量的信息之后，要遵循一定的科学原则，进行系统、规范的分析，探讨关于课例研究的理论和方法，为课例研究和创新打好理论和方法基础。

(2)通过学习理论、深入教学实践，敏锐地发现教育实践中存在的问题，通过对问题的分析，提出比较科学的研究课例。

(3)以解决当前的课堂教学问题为价值取向确定课例研究主题；围绕研

究主题选课，开展各种课例研究，例如，问题式课例研究、主题式课例研究、混合式课例研究和意外式课例研究等，积累不同类型课例。

(4)设计新型课例研究。明确主题，提出创新的目标、方案、计划，明确研究或创新的内容、方法、手段，以“原生态课”真实过程为案例，探索教学规律，创新教学策略。

(5)对教学实践研究过程要善于理论学习、善于资料积累、善于研究反思。

18.2　善于提出并解决教育教学中的重要问题，开展教育教学改革实验，深入研究教育教学规律，形成独特的教育教学思想或教学风格。

【操作要点】

(1)知识逐渐深广。这一阶段的教师为了研究问题，千方百计地争取学习机会，知识与能力结构在不断地由目标到反馈的自我监控过程中得到更新与扩展。

(2)教育工作面向学生。教师把课堂上的注意力由关注自己的活动转向关注学生的反应和对学生的引导，更多地关注和研究学生的心理、需要、信息技术学习方法等。

(3)成熟的教育观念和行为。随着教育教学经验的积累，教师在学生时代学习的理论和在实践工作中学习的优秀教师的经验，都逐步内化为对教育真谛的深刻理解，形成了教育观念，并用这种观念指导着自己的教育行为。他们的敬业精神来自对教育的理解，来自于教育的成功体验有比较深厚的基础。他们优良的个性品质和健全人格也在教育活动中磨砺而成，并形成独具个性的信息技术教学风格。

(4)较高的专业自主权。从成熟走向卓越的信息技术教师具有教育决策能力，经常思考、判断、行动、反思，他们的信息技术专业自主权水平比前两个阶段的教师都要高，更高水平的教师专业发展逐渐成为自觉地追求。

18.3　注重研究成果的形成，能够在学术刊物上发表研究论文或出版专著，使研究成果具有更广泛的辐射作用，并使成果得到同行的关注、讨论和认可。

【操作要点】

(1)在教育教学实践研究中，善于积累资料，善于对研究问题进行长期的、可持续的反思，逐渐形成有研究价值的学术成果。且具有引领作用，供他人借鉴学习。

(2)能够在教育教学实践中不断提出有研究价值的问题，有个人的研究课题。

(3)搜集教育教学方面的信息，并进行记录、整理、归类、综合，为教育教学研究提供翔实的数据、资料和案例。

(4)进行理论构建或理论分析，提炼观点、以论据支撑观点。

标 准	结果指标
19. 团结协作与经验分享	19.1 把自己的经验结构化、形成可以传递的知识形态；引领信息技术学科团队的专业研修活动，团队成员能够受到启发并产生把研修结果运用到工作的动机。 19.2 作为信息技术专业领域的领军人物，在专业学会和广大教师中发挥引领作用。

19.1 把自己的经验结构化、形成可以传递的知识形态；引领信息技术学科团队的专业研修活动，团队成员能够受到启发并产生把研修结果运用到工作的动机。

【操作要点】

作为这一阶段的信息技术教师，在长期的教学实践中积累较为丰富的教学实践经验，从而能将自己的积累形成有价值的文本资料向青年教师进行经验介绍，同时还要积极参加信息技术学科专业学会、中国教育学会等学术团队的研讨活动。

19.2 作为信息技术专业领域的领军人物，在专业学会和广大教师中发挥引领作用。

【操作要点】

优秀教师在团队中的示范和引领作用至关重要。团队涉及不同层次，比如教师所在的备课组、教研组或者名师工作室等。专业研修活动包括同年级的集体备课活动、教研组的课题研究、教师个人及其团队参与的区(县)、省市及国家级等课题研讨活动等。通过各类研讨活动，能够在不同的场合发表文章，阐述自己的观点，或者参与研讨。同时，能将参与研讨活动的收获与自己所在团队的成员们分享，为团队中的青年教师搭建发展的平台。

标　准	结果指标
20. 终身学习与持续发展	20.1 能够始终保持学习新知识的热情，不断优化知识结构，具有高度的专业敏感性和吸收、转化能力。 20.2 具有不断探索、研究、反思的意识，积极更新教育教学理念并付诸实践。 20.3 积极参加各级各类教师培训，成为学习的模范。按照职业生涯规划，自主提高信息技术专业发展能力。 20.4 具有职业理想和道德，能够突破个人专业发展的瓶颈，不断给自己规划更高的职业目标，行走在能力的极限上，不断促进知能持续发展。

20.1　能够始终保持学习新知识的热情，不断优化知识结构，具有高度的专业敏感性和吸收、转化能力。

【操作要点】

善于学习是优秀信息技术教师专业成长的关键，是优秀信息技术教师实现可持续发展的基础。当今社会，知识在不断更新，为了更好地促进学生的信息技术学习，教师必须保持学习新知识的热情，通过多种途径，如自学、参加培训、在职进修等，丰富或更新自己的知识积累。一个人的知识结构并不是一成不变的，在汲取新知的过程中，教师可以不断地优化、完善自己的知识结构。

具体任务是开展学习的发动机和助推器。没有具体任务作为学习的抓手，教师的学习常常是盲目的、零散的。一旦教师心中有了一个自己认定的问题或任务时，教师就会自然而然地、甚至不可遏制地进入渴望学习、渴望发展的状态。

20.2　具有不断探索、研究、反思的意识，积极更新教育教学理念并付诸实践。

【操作要点】

“研究”与“反思”是信息技术教师专业发展的灵魂。而信息技术教师研究和反思的基点正是他们最熟悉的教学实践。从教学实践中不断地发现问题，并通过不断的研究和反思，积极探究问题解决的途径。一般而言，解决问题的过程会随着经验的增长，从有意识的努力变成常规活动。但优秀信息技术教师的研究意识、反思意识恰恰体现在他们善于质疑看似常规的行为，将其问题化，凭借大脑资源再投入用以解决拓展性的新问题。

近年来，“改革”一直是教育界的一个重要主题。教育和课程改革已经成为社会发展的中心议题。因此，在这个变革的时代，“改革”也就成为教师们必须面对的命题。优秀信息技术教师具有不断更新自己教育教学观念的勇气和能力，并能够在教学实践中落实理念的更新，进而成为基础教育改革、课程改革的领军人物。

20.3 积极参加各级各类教师培训，成为学习的模范。按照职业生涯规划，自主提高专业发展能力。

【操作要点】

学习的模范，意味着教师在各级各类教师培训或研修中能够认真学习、虚心求教，在信息技术学科基本素养、信息技术学科教学实践及研究等方面都有出色的表现。这里的模范，至少包含两层含义：第一，教师以自身表现出的卓越的信息技术学科基本素养、信息技术学科教学能力和研究能力成为大家学习的模范；第二，教师对于自己已经取得的成就不自满，愿意继续学习、追求进步，在培训或研修过程中态度认真、虚心谦和、善于思考，成为大家学习的模范。

从成熟到卓越，优秀信息技术教师专业发展能力体现在多个方面。其中，信息技术学科基本素养的发展、信息技术学科教学实践能力的发展以及教学研究能力的发展是核心。而优秀信息技术教师专业发展能力的提升有赖于自身的追求和努力。因此，自主提高信息技术专业发展能力极其关键。自主，首先意味着信息技术教师为自己量身制定了职业生涯规划。自主，还意味着信息技术教师在实践中找到了自己的主攻方向。成熟期信息技术教师在积累了大量信息技术实践经验后，要能够根据自我发展条件和社会发展需要确定自己研究的主攻方向，然后围绕着这个主攻方向开展学习和研究，从而促使自己成为卓越的信息技术教师。

20.4 具有职业理想和道德，能够突破个人专业发展的瓶颈，不断给自己规划更高的职业目标，行走在能力的极限上，不断促进知能持续发展。

【操作要点】

作为走向卓越的教师，要能够在更本质、更理性的层面上领会和描述问题。能够意识到自己的错误、不理解的原因和问题解决中遇到的困难。在能力极限边缘上工作是专家型教师的特征之一，把资源投入到追求新目标和解决更高层次问题中，而这些问题是以前没有能力解决的。行走在能力的极限上，对事业保持进取精神，不断规划更高的职业目标，促进自身的知能持续发展。

参考文献

[1] 陈琦、刘儒德．当代教育心理学．北京：北京师范大学出版社，2009.
[2] 陈丽等．信息技术环境下学与教方式变革——“以学生为中心”的教育探索信息技术环境下学与教方式变革．北京：中央广播电视大学出版社，2011.
[3] 丁朝篷．新课程评价的理念与方法．北京：人民教育出版社，2003.
[4] [美]D. John Mcintyre Mary John Ohair 著．丁怡、马玲等译．教师角色．北京：中国航空轻工业工业出版社，2002.
[5] 董玉琦．信息技术课程导论．长春：东北师范大学出版社，2001.
[6] 杜小会．信息技术课上的安全教育．中国教育信息化．2011.
[7] 何克抗．教学系统设计．北京：北京师范大学出版社，2002.
[8] 黄荣怀．信息技术与教育．北京：北京师范大学出版社，2006.
[9] 李晶．科学教师培训系列课程．北京：北京科技大学出版社，2006.
[10] 李龙．教学过程设计．呼和浩特：内蒙古人民出版社，2000.
[11] 李晓文、王莹．教学策略．北京：高等教育出版社，2000.
[12] 黎加厚．信息化课程设计——Moodle 信息化学习环境的创设．上海：华东师范大学出版社，2007.
[13] 李相海．初等教育信息技术课程教学论，郑州：郑州大学出版社，2008.
[14] 李艺．信息技术教学研究与案例．北京：高等教育出版社，2006.
[15] 李艺．高中信息技术(必修)新课程案例与评析．北京：高等教育出版社，2007.
[16] 刘美凤．教育技术基础．北京：中国铁道出版社．2011.
[17] 皮连生、刘杰．现代教学设计．北京：首都师范大学出版社，2010.

[18] 皮连生．教学设计——心理学的理论与技术．北京：高等教育出版社，2000.

[19] 施方良、崔允漷．教学理论：课堂教学的原理策略与研究．上海：华东师范大学出版社．1999.

[20] 谭浩强、吕品．中小学信息技术课程研究．北京：机械工业出版社，2003.

[21] [美]瓦特·詹姆斯·波帕姆著、邓小玲译．优化测试，优化教学．北京：教育科学出版社，2009.

[22] 王道俊、郭文安．教育学．北京：人民教育出版社，2009.

[23] 王后雄．新理念化学教学论．北京：北京大学出版社，2009.

[24] 王荣良、高淑印．信息技术课堂教学案例发展点评．北京：教育科学出版社，2011.

[25] 颜辉．当代美国教育技术．中山：中山大学出版社，2003.

[26] 袁振国．教育研究方法．北京：高等教育出版社．2006.

[27] 张大均、郭成．教学心理学纲要．北京：人民教育出版社，2006.

[28] 张华．课程与教学论．上海：上海教育出版社．

[29] 张建平．现代教育技术理论与应用．北京：高等教育出版社，2003.

[30] 郑金洲．案例教学．天津：天津教育出版社，2003.

[31] 中华人民共和国教育法，中华人民共和国义务教育法，中华人民共和国教师法(最新修订)．北京：中国法制出版社．2010 年 6 月．

[32] 中华人民共和国教育部．普通高中技术课程标准．北京：人民教育出版社，2003.

[33] 钟启泉．课程论．北京：教育科学出版社，2007.

[34] 周凯．学校生活技能教育．北京：科学普及出版社，2001.

后　记

信息技术学科是中小学一门较新的学科。它的前身是计算机科学学科，但是由于计算机科学学科的特殊性，在中小学阶段不可能一下子接触学科的核心底层，而是必须从上层的应用开始学习，所以，在中小学阶段，它主要以培养信息素养的目标为核心，使信息化时代的学生从文化素养(知识层面)、信息意识(意识层面)、信息技能(技术层面)三个方面达到迅速地筛选和获取信息、准确地鉴别信息的真伪、创造性地加工和处理信息的能力，并把学生掌握和运用信息技术的能力作为与读、写、算同等重要的终生有用的基础能力。

2009年以来，北京教育学院“教师教育创新平台”课题组，在钟祖荣教授、李晶教授的直接领导下，积极研制“中小学教师专业发展标准”。经过大量的问卷调查、教师访谈、课堂观察等实证调研、国内外已有研究成果的文献分析、对标准条目的反复论证和完善，推出了“中小学教师专业发展标准”(纲目)。

按照总课题组的要求，信息技术学科课题组，在总标准框架的基础上，根据目前中小学信息技术学科教师队伍的现状，充分考虑信息技术学科的特殊性和学科特点以及信息时代对信息素养的硬性需求，编写了信息技术学科教师专业发展标准及指导，探讨信息技术学科教师专业发展的目标、水平和途径。

本书主编为于晓雅、朱慧。其中，于晓雅是北京工业大学计算机学院计算机应用专业博士，现为北京教育学院副教授。朱慧是北京市西城区教育信息技术中心小学信息技术教研员，中学高级教师，北京市信息技术骨干教师。

本册的前言部分由钟祖荣、李晶撰稿。第二部分信息技术教师专业发展标准是由主编于晓雅、朱慧以及信息技术课题组成员在总标准研究小组开发的总标准框架基础上充分考虑信息技术学科的基础上形成的。第三部分指导要点中，“健全人格与职业道德”部分由张红、杨秀治、迟希新、肖北方、伍芳辉、于晓雅、朱慧编著；“学科与教育教学专业知识”“促进学生的学习与发展”部分由于晓雅、朱慧编著，其他公共部分由钟祖荣、白桂香、李雯、王远美、于晓雅、朱慧编著；“教育教学研究与专业发展”部分由李晶、陈晓波、于晓雅、朱慧编著。

本册最后由于晓雅、朱慧统稿、定稿。

在中小学信息技术学科教师专业发展标准制定初期，北京市“教师教育创新平台”课题信息技术组主要成员北京教育学院的孟宪凯教授、陈捷副教授、纪方副教授、于晓雅副教授，北京西城教育信息技术中心的朱慧教研员，北京教育学院的讲师秦昆、杨建伟，北京玉桃园小学信息技术教师李鸿娟等参加了课题组的讨论，并分别编写了标准初稿中的两条。最后，主要由于晓雅、朱慧根据项目组要求和信息技术学科特点反复推敲、整理完成中小学信息技术教师专业发展标准的全部条目。正是课题组成员在开始阶段对信息技术学科标准的深入讨论，对后来形成信息技术教师发展标准和内容详解的完成起到了重要的作用，在这里表示衷心的感谢！另外，本书编著过程中，得到了社会科、理科和语文学科组成员的启发，借鉴了他们的一些理论与思想，编者在此表示深深的感谢！

由于编著者学术研究能力和学术视野的局限，对信息技术学科课程内容的研究尚不充分，教师专业发展标准及指导的研制具有基础性和复杂性而且研究还处在初期的探索中，本册内容难免存在一些纰漏，恳请读者批评指正！

感谢北京教育学院孟宪凯教授、北京八中特级教师张军等专家的审订，为本书的完善提出了宝贵建议。

于晓雅

2012 年 3 月 12 日